海天佛國

觀光景點導覽的深度‧普陀山

文◎陳銘磻　攝影◎陳丁林

朝聖的意義

誠心,就是佛祖疼惜的願力,千辛萬苦去朝聖,讓我們的心和佛祖相應,這就是來電,可以堅固道心,清淨意念。

朝聖,能讓你開智慧,學習生命經驗,了解法界緣起,讓你能夠成長自己的佛道。不要小看朝聖的意義,我們要很用心的懺悔過去的業障,然後發願成佛,度無量眾,成就眾生。

朝聖,就是一個修行,整個過程都是佛菩薩給我們的考驗,考得過,我們就事事如意了;考不過,就要懺悔業障。在朝聖的

過程裏面，會有一些業障現前，這時候，若能無怨無尤坦然面對，當下煩惱就消化解脫了。朝聖時不管遇到什麼麻煩，或是讓自己很生氣的事情，都能逆來順受，這就是修行，也能讓我們消業障。朝聖的主要目的，是跟著佛的足跡，成就真理，這是很幸運的事情，朝聖就是讓我們學道的心，往前推進。

在朝聖當中，求福、求慧、求正等正覺，不管我們有沒有看到佛菩薩，有沒有看到成就者，其實在一切的示現裏面，祂就已經在教化我們了。一路上所示現的一切，就已經在諸佛菩薩的啓發、教化裏面，內在所感觸到的，所發露出來的，眼見、耳聞的地方，就可以看到佛的教化是什麼，並不一定要看到一尊佛在那邊。其實處處都是覺性的教化，每一個感觸點就是一個啓示。你們有很好的智慧、福報，就會有很好的體會，我們拜的是自己的覺悟，所以大家想想看，自我的要求、自我的覺醒、自我的不昧，就從這個緣起開始，從朝聖裏面生起清淨心，從清淨心裏面會感覺到清涼，從清涼裏面感覺到解脫。

朝聖是大家最大的福報，如果什麼都是心甘情願的話，回去一定會有很好的福報。事業好、身體好、智慧也好，所以朝聖是很嚴肅的，我們要從輕鬆裡面讓自己嚴肅，從嚴肅裡面讓自己稍微輕鬆一點，開始朝的時候，我們要很嚴肅，在平常的時候，要輕鬆一點。我們的心要沉穩、虔誠，沒有戲論，這樣一趟朝聖之行，比較有感覺、體會。

釋心道

自序

Preface
步履菩薩的腳步

■陳琴富

每次聽「叩鐘偈」時，對於偈中所述「南無清涼山金色界大智文殊師利菩薩，峨嵋山銀色界大行普賢王菩薩，普陀山琉璃界大悲觀世音菩薩，九華山幽冥界大願地藏王菩薩充滿著無限的讚嘆與神往。深知每一聖者菩薩都能成就一方世界、化現一座城邦，像是藥師如來的琉璃世界、阿彌陀佛的極樂世界、蓮花生大士的烏金淨土、時輪金剛的香巴拉淨土等等，一方面是展現佛菩薩的悲心願力，二方面是隨順眾生的因緣願望，善巧化度。

　　這些淨土雖然是一種無形的世界，但所謂的「隨其心淨則國土淨」，利根者能於一念間隨其念力，處於極樂淨土或香巴拉淨土。一般大眾則因為著相故，必須依賴具相才能慢慢契入，諸佛菩薩也因慈悲故，示現種種神跡，於是在中國，就有了具相的菩薩所化現的世界，這就是四大名山的由來。

　　四大名山的起始，都有一段非常殊勝的事跡，像普陀山是因為日本和尚慧鍔參訪五臺山時，請了一尊觀音菩薩塑像回日本，到了舟山島的梅岑山受風浪所阻，無法東渡，心想是菩薩的旨意，就和當地漁民啓建了一座「不肯去觀音院」供奉，後來觀音菩薩的聖跡越傳越多，於是一座具相的普陀山道場就這樣形成了。

　　到四大名山朝聖是學佛者的畢生願望，一代高僧虛雲老和尚，在光緒十年曾經登五臺山，光緒十八年曾在九華山翠峰茅蓬研究經教，後來也參拜峨嵋山登金頂觀佛光。虛雲老和尚每次朝山，都以最虔敬的心一步一步禮拜而上，即使是身罹重病也是一心向前，可見參訪四大名山，對於修行人是相當有意義的，一般也都深知朝山功德之殊勝，非親臨者無法體會。

　　靈鷲山每年都會對信眾舉辦朝聖的活動，此次正好有一普陀山和九華山的朝聖團，於春末的五月天成行。此行的重要目的，就是把這次的朝聖行記作一個紀錄，因為記載四大名山的書籍並不缺乏，但要有與眾不同的角度可能就是個挑戰了。

　　此行要感謝領眾的宗濟師和宗德師，他們一路的提攜和開示讓隨行者隨時觀照省思，對我而言也具有同樣的效益；另外也要感謝二十位同行者，他們算是成就此次朝聖的同修道友，在行住坐臥間，都手持念珠一珠一珠的念佛或持咒，行車間也專心一意地看經典或持咒，遠對我都有莫大的啓發。最要感謝的是此次同行的攝影陳丁林兄，他一路上默默無語，任職任份的取景拍照，一得空便專心念佛號，晨起和睡前都打坐須臾，如果說這本書還有一點可觀之處，應該歸功於丁林兄的專業攝影了。

目錄
CONTENTS   The way of heart

海 天 佛 國 觀 世 音 菩 薩 的 勝 地 · 普 陀 山

前進　　聖地

Pilgrimage

■朝聖即是到聖地瞻仰菩薩修行的聖境，一則親炙道範，二則激勵精進，俾求道業有所增長。

■懺悔者如果能一心清淨懺悔，累積的罪業即可一夕冰釋，就好像以水洗身一般，無不乾淨。

朝聖行
Pilgrimage

　　觀世音菩薩的道場在浙江省普陀山，是所有修行人都嚮往的聖地，能夠一瞻菩薩修行聖境，一則親炙道範，二則激勵精進。對於一般行者而言，前往聖地參拜，通常都會依照自己的皈依傳承修一些前行。在家居士，爲了體現對大士的恭敬，也多少會齋戒三天至一個星期。

　　一般對於觀音法門的修行，多半是誦《法華經》、〈觀世音菩薩普門品〉，或是誦〈大悲咒〉、〈觀音聖號〉、〈六字大明咒〉，或唸誦一萬遍至十萬遍不等，以爲朝聖的前行功課。

　　另外，在漢傳佛教中，懺悔是很重要的法門，一則省思過去所造諸惡，二則藉由諸佛菩薩的功德力清淨罪業，所以也有人以拜懺作爲前行。這次就是以唸誦《慈悲三昧水懺法》作爲前行，前往朝山者必須在行前拜三昧水懺十部，或至少唸誦十部。不論以何種方式，主要就是期許以清淨心前往聖地，才不致入寶山空手而回。念佛持咒，也有甚大功德，縱然無法唸到一心不亂，至少在唸的當下，身和口都不造惡業，何況一聲佛號罪滅恆河沙，因此朝聖前行的修持，是有其必要的。

朝聖功課

慈悲三昧水懺

《慈悲三昧水懺法》是有典故的，在唐懿宗年代，有一位國師，名悟達知玄，曾經與一名僧人邂逅於京師，這名僧人患有惡瘡，眾人皆嫌惡，而知玄與他為鄰，時常盡心照顧他，沒有任何嫌惡之色，後來要離開時，僧人感念知玄的恩德，告訴他說：「以後如果遇到困難，可以到西蜀彭州九隴山找我，山有兩棵松樹為標誌。」

後來悟達國師住錫安國寺，道德昭著，唐懿宗親臨聽聞法教，賜沉香為法座，至為禮遇，悟達國師因此生起傲慢之心。有一天，膝上突然長出人面瘡來，連眼睛口齒都清晰可辨，拿食物餵它，照樣開口吞啖，與一般人沒兩樣，找遍群醫都束手無策。

知玄憶起往昔僧人告訴他的話，就想入山尋找他，看看是否有解決的辦法。當時正值天色已晚，徬徨四顧，好不容易看到兩棵松樹立於煙雲之間，知道僧人所言不假，再往前走幾後終於看到一間廟宇，崇樓廣殿，金碧輝煌，僧人就站在門口相迎，兩人相談甚歡，因而留宿下來，悟達乃把被人面瘡所苦之事相告。僧人說：「不礙事，巖下有一泓泉水，明天去洗一下就好了。」

天亮後，童子帶他到泉水處，剛掬水準備清洗時，人面瘡開口大叫：「請住手！你博古通今，應該讀過西漢書袁盎、晁錯傳吧！」悟達說：

「讀過。」「既然讀過,你難道不知道袁盎冤殺晁錯,將晁錯腰斬於東市嗎?你就是袁盎,我就是晁錯。為了此冤仇,我累世求報,但你十世為高僧,戒律精嚴,無法入手。今天你受到皇帝的寵遇,起了名利心,有損戒德,我才能趁虛而入。今承蒙迦諾迦尊者以三昧法水為我洗滌,至今而後,不再與你為冤了。」悟達聽後,嚇得魂不附體,連忙掬水清洗,因痛徹骨髓而暈厥,醒來後人面瘡已不復見。

悟達國師這時才驚覺到聖賢有時混跡人間,非凡情能測,想要回首找那僧人,一瞻聖顏,廟宇已經不見了。

悟達感慨這件事的殊異,深思累世之冤,如果不是碰到聖者,這個冤不知道要結到何時才得解。因此著述了懺法,朝夕禮誦,後傳播天下。

■法師點香圖

楔子

因為有感於迦諾迦尊者的慈悲三昧水，得以洗清冤業，所以取名為「慈悲三昧水懺法」。

永樂年間明成祖曾親為水懺作序，序中說，如來廣慈悲之念，啓懺悔之門，如果我們能夠一心清淨懺悔，累積的罪業可以一夕冰釋，就好像以水洗身一般，無不乾淨。「然則三昧者，其惟在於人心，而不必他求也。」可以知道，懺悔法門還在於此心，「為善則善應，為惡則惡應。」

這次的朝聖行中，我無時無刻不是秉持著這樣的心念，保持心的正念，在動中禪當中，邁每一個步子、看每一處景觀，當然所見所聞，自然是處在佛國之境了。

動中禪

一行禪師

一般習禪都是在靜中求定，大多在靜時覺得很清安，但一下坐後又回到凡俗知見，煩惱依然，主要的原因就是靜中只與自己相處，動中卻要和別人互動往來，很容易受到別人情緒的干擾和外境的染著，而起分別執著。另外一個原因是很多人在靜中，因為方法不對，或觀想或隨息隨念，因為沒有提起覺性，以致落入妄想而不自知。

南傳佛教是依據原始佛法的教示而修行，主要的修法包括觀呼吸和四念處。一九九五年春天，越南的一行禪師來台弘法，有幸親炙他的法教，他教導我們從正念觀呼吸入手，透過觀照呼吸，把身和心結合在一

起，慢慢達到身心一如之境。在日常生活中，則是透過呼吸觀照每一個動作，慢慢的學習諦觀生命的真相，經由智慧轉化我們的煩惱，這是一種止觀雙運的修行方法。在每一個當下不起分別染著，在每一剎那脫落煩惱。

一行禪師指導如何從生活中實修，例如最簡單的吃飯，當端起飯碗的這一刻，我們只能吃飯，什麼事也不能做，此時就要放掉一切的雜想和

■六字大明咒神妙殊勝，無論男女老幼皆可念誦，念誦時需至誠皈依觀世音菩薩，心緣一境，不可散亂，行之既久，禍亂悉免，祈求無不如意。

楔子

煩惱，只一心一意的吃飯。安住當下，覺知咀嚼的每一個動作，這也就符合禪宗所謂「吃飯時吃飯，睡覺時睡覺」的禪要了。

　　一行禪師說，禪法應該在日常生活中靈活運用，禪的原理就是使自己活在當下，全然覺知活在每一剎那的身心狀態，如此可以使我們了悟實相，從內心中升起平靜、自在與慈悲，這是使自己快樂，也能帶給周遭人快樂的唯一途徑。

　　談到死亡，一行禪師說，能體悟死亡的秘密就能解開生命的真相，大多數人認為身體死亡生命就終止，一切都結束了。其實不然，當秋葉從樹枝上飄落，人們難免感傷，但樹葉曾經盡情伸展它的生命，吸收陽光雨露，滋潤樹木。當秋風吹起，樹葉飄零時，落入土裡化作春泥還護花，它的生命早已灌注在樹木中，秋去冬來春又回，新芽又在樹梢上重生，生命就是如此的相生相依，樹葉是樹的母親，也是它的子女，死亡絕非肉體的停止運作而已，能量會轉化成不同的形式而存在。所以生時要讓生命的光發揮出來，死後也要讓生命的能量繼續作用，這就是了生脫死的一種生命情境吧！

動中禪

隆波通

　　公元二千年，我又有幸跟從泰國來的隆波通學習動中禪，動中禪的法要就是在每一個當下提起覺性，知道自己的動作，不過於專注也不放

鬆，讓覺性由點成線，慢慢如鏈，最後成片。他所教導的方法來自於老師隆波田，只有兩個簡單的動作：一是行禪，走時知道自己腳的移動；一是手部的規律動作，知道手的上下起落。

　　隆波通說，覺性就像貓，妄念就像大老鼠，如果覺性弱，就像一隻小貓，而且是生病的貓，病貓對大老鼠是無可奈何的。貓的天性雖然是抓老鼠，但病貓只會被老鼠拖著走。因此，現在最重要的是好好照顧這隻小病貓，不斷餵食牠，使牠健康強壯，暫時不要去管大老鼠，等到貓長大了，自然會去抓老鼠。所以，唯一的工作是不斷覺知肢體動作，讓覺性增強。

　　隆波通談到天堂與地獄，他說，不要把天堂和地獄想得很遙遠，有覺性的人知道，天堂和地獄就在當下。當你內心平靜，沒有貪瞋雜念，當下就是天堂；當你升起貪瞋無明的念頭，當下就身處地獄。這樣的天堂和地獄是可以證實、可以體驗的，因為天堂、地獄都在自己的心中。假使你想到天堂去，只要讓心保持平靜，沒有貪瞋無明，就到了。能夠一直保持當下這一念的美好，就不用期待死後的天堂；如果天堂不存在於當下，即使全心的期望等待，天堂永遠也不會出現。同樣的道理，涅槃也在我們心中，在活著的時

■生活中的實修，即如禪宗所謂「吃飯時吃飯，睡覺時睡覺」，那麼工作時就認真工作吧！

候就要親證眞理、滅除煩惱痛苦，不要等到死後，那是沒有保證的。這也是一種生時即證涅槃的風光吧！

蓮花生大士心咒

■懂事前的人生，是輕鬆單純的人生。成熟後的人生，是千變萬化猜不透的人生。單純的人生裏只有真誠⋯⋯

第一次接觸到蓮花生大士所作的「無染覺性直觀解脫之道」時，有一種立即開悟解脫的感受，那是直指人心、契入法旨的要訣，既無前行，也無續修與結行，更沒有一般密法的生起次第、圓滿次第，與禪宗的法要一致。

蓮花生大士說，唯有先識破空性與覺性不二，方能證入佛性無礙。從自性觀之，不論凡俗，娑婆與涅槃本來不二，只因爲不斷造作貪瞋諸毒，所以流轉於娑婆世間。開啓本覺的要點就是：清除過去之念，不留纖毫痕跡；向未來之念開放，不受他境所染；安住當下心境，不修整不造作。

他說，當外觀身外虛空，一無雜念，不受外境所染；你再內觀自性，亦無一念者向外造境，那微妙的心性，便空明朗淨、無垢無染。你的本覺淨光即是法界本身，好像無雲晴空中的太陽，光明遍照，不論你了解

楔子

■不要小看朝聖的一
個意義，要很用心的
懺悔過去的業障，然
後發願成佛，度無量
眾，成就眾生。
（1998靈鷲山朝聖團
至普陀山）

與否，此是最勝義法。這當下的本覺空明朗淨，無實可執，僅此即是無上的知見；它含括一切，卻不受任何觀念事物所囿，僅此即是無上的修持；它不修不整，言語道斷，僅此即是無上的道行；無須四處追求，本來圓滿具足，僅此即是無上證果。

當我偶爾靜下來時，除了保持明覺的心性，蓮花生大士心咒自然流瀉。在藏傳佛教的傳承中，誦持咒語最好經過上師灌頂，從儀軌中生起信心，經過觀想蓮師，觀想自身為金剛瑜珈女，透過虔敬的祈請讓蓮師從法界生起，蓮花生大士說過：「凡對我具足信心者，我都會在他面前出現。」之後安住於無分別的空性與明覺之中，唸誦蓮師心咒：

嗡阿吽　班札　咕嚕　貝瑪　悉地　吽

「嗡阿吽」就外層而言是身、語、意，內層而言是脈、氣、明點，密層而言表示蓮花生大是相應於三身：法身阿彌陀佛、報身觀世音菩薩、化身蓮花生大士的三個面向，是大悲、光明、空性。「班札」代表蓮師不變的、堅固的智慧。「咕嚕」外層是上師的意思，追隨他的教導能獲得重大的利益，內層是金剛薩埵，密層是清淨的本覺。「貝瑪」意指蓮花，也是咕嚕仁波切的名字，外層是金剛持上師和蓮花淨土中的的眷屬，內層是菩提心的明點壇城，密層是空性與明覺的壇城。「悉地吽」指對蓮師祈願，祈請他賜與共和不共的成就，外成就是息、增、懷、誅四種事業，內成就是八種悉地，密成就是指於自心生起殊勝了悟的成就。此十二字真言即是圓滿一切事業無礙之意。這次朝山行，我經常在舟車往返間默誦蓮師心咒。

■龍華寺始建於三國，距今有一千七百多年，唐宋以來都曾擴建，清順治重修後名龍華寺。二次世界大戰時毀於戰火，文革後重新整修。

啓程‧‧前進聖地 *Hit the road*

第一日

第一天從台北出發，一行二十人在靈鷲山宗濟法師和宗德法師的帶領下，經香港轉機抵達上海，晚上到龍華寺後，宗濟法師、宗德法師引領大眾在大雄寶殿作晚課。殿外一片漆黑，兩側植有兩株茂盛的廣玉蘭花，正逢盛開，花朵如巴掌大，散漫著清香，殿內梵唱清幽，迴向時，祈願此次朝聖能功德圓滿。

攝影丁林兄在殿內外忙進忙出，捕捉大眾的身影。我在殿內瞻仰佛菩薩並抄下楹聯後，走到殿外看那兩株大朵的玉蘭花，搬下枝來就近聞聞，泛著清香，心想此行應該像這朵花一般，漫瀾著清幽的意境吧！

上海龍華古寺

相傳龍華寺建於三國東吳赤烏五年（公元242），距今有一千七百六十年，在三國時代，龍華寺的創始人「康僧會」從交趾（今越南北部）來到建業（今南京）向孫權宣揚佛法，在孫權支持下，建十三座寶剎供奉佛舍利，並於江南一代廣傳佛教。

武則天垂拱三年（公元687），皇帝賜銀建圓通寶殿，龍華寺始有正式

■龍華寺特殊的建築風格

海天佛國

■大悲經幢

之殿堂，唐宋年間都曾擴建，明世宗嘉靖年間敕賜「萬壽慈華禪寺」，現在的建築是清順治以後重修的，重修以後名為龍華寺，位於上海南郊龍華鎮，兩名稱先後反覆使用。惜於二次世界大戰日軍侵華時毀於戰火，直至文革之後重新整修，而於一九八三年一月舉行佛像開光，及住持明暘法師升座儀式，使龍華寺重燃香火。

該寺建築格局保持宋代的「伽藍七堂制」，從山門進去是彌勒殿和天王殿，兩側是鐘樓和鼓樓，三進是大雄寶殿，供奉「華嚴三聖」，中座為毗盧遮那佛，右側為文殊菩薩端坐於青獅背上，左側為普賢菩薩，端坐於六牙白象背上。大殿兩旁為二十諸天，後面為十六羅漢塑像，神態生動，華嚴三聖背面則是「海島觀音」的大型壁塑，是善財童子五十三參中，求教觀世音菩薩的畫面。

通楹對聯由已故的中國佛教會理事長趙樸初所題，上聯寫華嚴三聖境界以茲惕勵精進，下聯寫景，龍華寺緊鄰烈士陵園，其聯曰：

到此請清淨法身騁般若之青獅乘三昧之白象

鄰近有嶙峋忠骨觀桃花兮碧血仰塔波兮赤鳥

另一聯則是寫兩側的諸天和羅漢，聯曰：

大雄寶殿坐毗盧華嚴三聖空中色羅漢顯神通

清淨光明照法界般若微言有若無諸天盡歡呼

大雄寶殿後進是三聖寶殿，此殿供奉西方三聖，中為立姿的阿彌陀佛，手托蓮燈接引眾生，左右脅侍為觀世音菩薩和大勢至菩薩。

江南古刹

覺道話龍華著七寶塔波九天闊闊十里童華

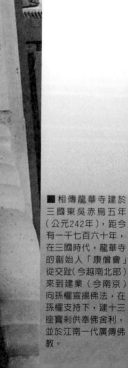

■ 相傳龍華寺建於三國東吳赤烏五年（公元242年），距今有一千七百六十年，在三國時代，龍華寺的創始人「康僧會」從交趾（今越南北部）來到建業（今南京）向孫權宣揚佛法，在孫權支持下，建十三座寶剎供奉佛舍利，並於江南一代廣傳佛教。

■大雄寶殿供奉
「華嚴三聖」，中
座為毗盧遮那
佛，右側為文殊
菩薩端坐於青獅
背上，左側為普
賢菩薩，端坐於
六牙白象背上。

第二日

第二天一早起來，用過早齋，搭車經過南浦大橋，導遊小顧介紹上海的建設，說到上海的人口多達一千三百四十萬，舉了一首順口溜：「到西安看墳頭，到南京看石頭，到桂林看山頭，到上海看人頭。」

會眾在車上作早課，誦〈觀世音菩薩普門品〉、〈大悲咒〉、觀世音聖號。宗濟師要大眾觀想觀世音菩薩觀照世間悲苦的慈心，一股懺悔慚愧心油然而生，學習觀世音菩薩的慈悲力與智慧力。由瀘潮港至普陀山的航線於一九九○年三月十日開通，每日一個來回，航程四小時，由蘆潮港到普陀山的航道正好切過錢塘江口的杭州灣，這裡屬於東海海面，此處正是三江會合處，黃浦江水的黃加長江水的黑，此處海面呈現一片黃潮。

大夥登上渡輪，本來都有對號入座的，但是有另一批台灣來的客人把位置給佔了，交涉了半天，對方說坐定就算了，不用再換了，總覺得台灣客人到哪兒都有一股霸氣，爆發戶的霸氣讓人很受不了，跟他計較也不是，不計較也不是。我們這團倒也隨和，靠窗的位置都被佔，只好往中間的位置坐。坐定後大家都各自安定，有些閉目養神，有些手撥念珠唸誦大悲咒。

啓程

　　船啓動以後，踏著濁黃的江面快速前進，江上濛濛的雨霧，船行約莫一個鐘頭以後，浪頭大，船身顛簸得厲害，有人開始嘔吐，船上的工作人員來回分發塑膠袋，氣味差加上港劇的喧鬧聲，幾乎有半數人加入嘔吐行列，看到前後左右的人都吐，真是最難熬的時刻，有人是聞聲無法忍受而吐。

　　此刻仍見有人手持念珠，默唸大悲咒，而我也有點難受，於是就輕聲持咒，唱了幾分鐘後心安定下來，外境就不容易打進來。後來換到窗邊的位置，可以看看江景，船輕快的行駛，窗外是滔滔濁浪，帶點濛濛雨霧，時見一些島嶼錯落隱現。前座有一批台灣來的道教團體，是台中縣某一個宮廟的信眾，他們每個人捧著一尊神明，也是要上普陀山朝聖的，和他們閒談了一下，知道他們也是信奉觀音菩薩的，這次菩薩只是要到普陀山，所以他們也就帶著寺廟裡的眾神們一起朝山。從這裡可以看出觀音菩薩的信仰，亦深植道教人心，成為信仰的溝通橋樑，也為宗教交流開闢了一個對話的空間。

　　船行兩個多鐘頭，約到中午十二點四十分，遠處看到一尊觀音像巍巍豎立在海島中，後來才知道祂就是普陀山著名的南海觀音。船慢慢靠岸，下得船來，先看到一座黃色三門牌樓，前有兩座石獅，牌樓上面寫著「普陀聖境」四個金字，這就是俗稱的「佛國進山門」，門闕前右邊有七座小塔並列，踏著石板路，想像一下抵達佛國的心境，難掩心中喜悅，終於抵達此一名聞中外而嚮往已久的聖地。

海天佛國

観音到此不肯去，海上神山涌普陀。
樓閣高低二百寺，魚龍轟卷萬千波。
雲和島嶼清未了，梵染風潮音更多。
第一人間清淨土，欲尋真歇意如何。
　　　　——康有爲《遊普陀題》

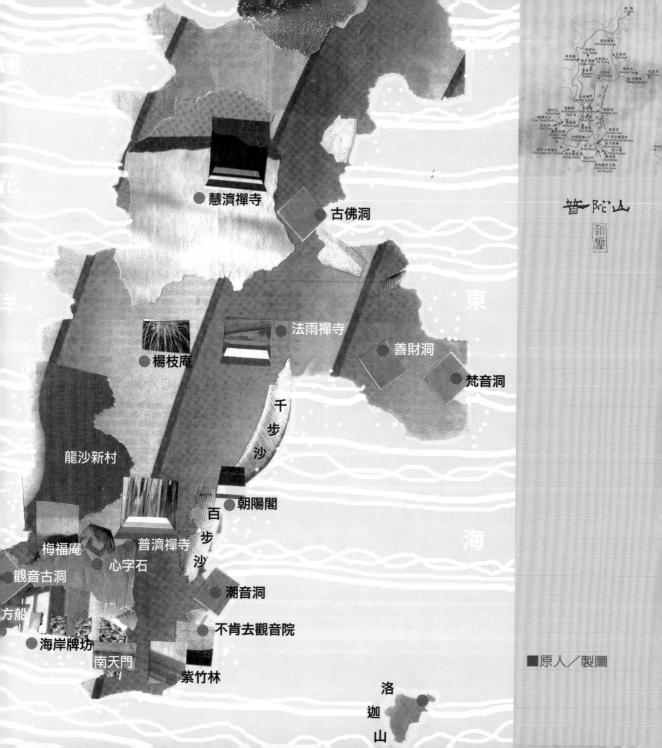

慧濟禪寺

古佛洞

法雨禪寺

善財洞

楊枝庵

梵音洞

東

千步沙

龍沙新村

朝陽閣

百步沙

梅福庵

普濟禪寺

心字石

海

觀音古洞

方船

潮音洞

海岸牌坊

不肯去觀音院

南天門

紫竹林

洛迦山

普陀山朝聖

■原人／製圖

歷史教室

月影夜窺花不動，潮音日說偈無邊。
文殊漫把圓通選，此意難教口耳傳。
　　　　　　——太虛大師《禪關漫興》

　　東晉：太康年間葛洪來山，許多佛教徒發現普陀山是觀音大士的應化之地。

　　唐：宣宗年間，有印度僧人謁潮音洞，他在洞中燃指供養，親聞觀音說法，觀音聖蹟始為流傳。

　　五代後梁：貞明二年（公元916）日本僧人慧鍔請了不肯去觀音像上普陀山，建了「不肯去觀音院」，此為該島最早建立的佛寺，至今尚在潮音洞附近，後普陀山便傳為觀音菩薩說法道場。

　　宋：元豐三年（公元1080）神宗賜額建「寶陀觀音寺」，指定「寶陀山」專奉觀音菩薩，此後普陀山香火始盛。政治家、文學家王安石以詩贊曰：「山勢欲壓海、禪宮向此開、魚龍腥不到、日月影先來」。北宋詩人蘇東坡有詩云：「蘭山搖動秀山舞，小白桃花半吞吐」就是描述普陀山桃花島的景緻。

　　宋寧宗嘉定七年（公元1214）御賜「圓通寶殿」額，指定普陀山為供奉觀世音菩薩的道場，自此歷經各代興衰，建成兩百餘寺廟，僧侶盛時，眾達三千，傳為海上佛國名山。

　　普陀山原本兼容律宗和禪宗，宋高宗年

■普陀山位於舟山群島的東部海域，在地理位置上屬東海海域，但一般因距離皇城遙遠偏南，習慣稱南海。

■以山而兼湖之勝，則推西湖；以山而兼海之勝，當推普陀山。

　　舟山群島是中國第一大群島，境內大小島嶼星羅棋佈，一三九〇座島嶼構成「千島之城」的壯麗景色。普陀山位於浙江杭州灣以東約一〇〇海里，是舟山群島中的一個小島。在地理位置上屬東海海域，但一般因距離皇城遙遠偏南，習慣稱南海，因其位居海中，以「海天佛國」聞名於世。

　　島成菱形，全島面積僅十二點五平方公里，呈狹長形，南北最長處為八點六公里，東西最寬處有四千三百公尺，地勢西北高東南緩，最高峰白華頂（佛頂山），海拔近三百公尺。島雖小，但山勢高低起落，峰迴路轉，有「海上盆景」之稱。另外，又稱「海上植物園」，古樹翁鬱，四季常綠，香樟、沙朴、蓮木、古柏、楓香、紅楠、羅漢松、銀杏、竹柏、龍柏、舟山新木姜子等名貴樹種，其中佛頂山慧濟寺旁有一株「普陀鵝耳櫪樹」更是全球稀有珍貴的樹種，該樹雌雄同體相生，被譽為夫妻恩愛，百年好合。

　　早在六千年前的新石器時代，舟山群島就有人居住，著名的海島河姆渡文化就是位於舟山島西北部的馬喬鎮原始部落，被譽為「東海第一村」。普陀山附近的蓮花洋，是舟山漁場魚群洄游的必經之路，春夏時節，沿海省份漁家，紛紛匯集洋面，灑網捕魚，呈現一幅熱鬧繽紛的討海生活風光。

　　據《史記》所載，秦始皇遣徐福在東南沿海的蓬萊、方丈、瀛州三神山尋找長生不老的仙藥。相傳其中的蓬萊山，即舟山群島中的岱山島，

至今該島上留有「徐福亭」、「徐福東渡紀念碑」。又傳秦時文人安期生、西漢梅福、東晉葛洪等方士相繼來舟山群島隱居煉丹，後人把他們曾居住的山洞叫梅岑，故唐宋以前，普陀山被稱為「梅岑山」。因此，唐開元時期朝廷將舟山縣命名為「翁山縣」，就是取此縣曾為葛仙翁修練之處。

觀世音菩薩的住處

　　南海普陀山之得名，因《華嚴經》所說普陀洛迦的影響而出現。唐大中元年（公元847），有梵僧來潮音洞前「燃指供佛」，燃十指供養觀世音菩薩，指盡，親見大士說法，授與七色寶石，靈感才開始傳開來。

　　布怛洛迦，梵文Potalaka，音譯為補怛洛迦，普陀洛迦，布達拉等。普陀即Buddha的音譯，意即佛陀，洛迦是Avalokitesvara，意即觀音菩薩。普陀洛迦就是指觀音菩薩的道場，意譯為「美麗的小白花」，而普陀山上正好也開滿小白花樹，真如飄落海中的浮蓮，偏然而優雅，觀音遇普陀，到此不肯去。

間，真歇禪師擬在普陀發揚禪宗，奏請朝廷只准弘揚禪宗不弘律宗，朝廷准其所請，此即普陀山「易律為禪」的歷史。接著他又把山上七百餘戶的漁家遷移他處，使山上只有寺廟沒有民居，只見僧人不見百姓，此一景緻，時移世易，到今天當然又不同了。

　　明：明朝神宗皇帝的母親慈聖太后篤信佛教，歷年發帑修建不少寺廟，萬曆五年慈寧宮中瑞蓮盛開，牽動了太后與普陀山的因緣。萬曆十四年，慈聖太后為了使兒子的江山風調雨順，特別主持印了十五部大藏經，其中一部就送到普陀山。萬曆二十六年寶陀寺遭火災，神宗得知後於次年齋賜《大藏經》、《華嚴經》、《諸品經》及鎏金觀音像一尊。其後朝廷數度派遣御用監張隨至普陀山賜金並督造普陀禪寺，三十四年，普陀禪寺竣工，神宗特賜玉帶以鎮山門。萬曆一朝頒賜普陀山的藏經之多可說是空前的。

　　萬曆三十三年（公元1605），神宗朱立羽正式定名為普陀山。元、明、清三朝皇帝的賜額與下令建寺，逐漸形成今天普陀山「無處不供觀音，無人不說慈悲」的景象。洪武十九年（公元1386）因沿海動亂，倭寇騷擾，實行海禁，山上三百餘寺庵全毀，僧侶遺離，直到隆慶六年（公元1572）五台山僧人來山修復寶陀觀音寺，朝廷也屢賜金修建，朝山者才日漸增多，香火鼎盛。

↓

■親炙觀音道場：在朝聖當中，求福、求慧、求正等正覺，不管我們有沒有看到佛菩薩在那裏，有沒有看到成就者在那裏，其實在一切的示現裏面，祂就已經在教化我們了，在一路上所示現的一切就已經在諸佛菩薩的啓發、教化裏面，内在所感觸到的，所發露出來的，眼見、耳聞的地方，就可以看到佛的教化是什麼。

浙江定海的普陀山，本名梅岑，古時我國與日本、高麗、新羅等諸國來往，多取此島爲轉站，以候風揚帆。到了後梁貞明二年（公元916），距今約一千年，有一位日本僧人，名叫慧鍔，來華求法，在五臺山請到一尊觀音像，想帶返日本供養，誰知他的坐船經過舟山群島，卻被狂風惡浪阻住了歸程，傳說當時海面生出了許多鐵蓮華，船不能往前航進，慧鍔悟到是觀音不肯去日本，便決定將聖像請上了一個小島，並築了「不肯去觀音院」來供養。觀世音菩薩與此島有緣，日子久了，朝拜的人日漸多了起來，以聖跡示現聞名海內外，宋寧宗嘉定七年（公元1214），朝廷頒詔欽定此山爲天下供奉觀音之道場。島上寺廟星羅棋布，終年香火不斷，時至今日，處處充滿了觀世音菩薩顯化的聖跡，傳說故事幾乎每個人都能道上一段，與文殊菩薩的五台山，普賢菩薩的峨嵋山和地藏菩薩的九華山，並美齊名爲中國佛教四大名山，但唯有觀音道場雖爲山又兼海之勝，故被譽爲「海天佛國」。

觀世音菩薩的道場目前可以考察的，在印度有一處，在中國有兩處。

印度 - - 布怛洛迦山

唐玄奘到印度時，曾到普陀洛迦山瞻仰觀音聖地。《大唐西域》卷十：「秣剌耶山東有布怛洛迦山，山徑危險，岩谷奇傾。山頂有池其水澄鏡，派出大河，周流繞出二十匝，入南海。池側有石天宮，觀自在菩薩往來其間，其有願見菩薩者，不顧身命，屬水登山，忘其艱險，能達

之者，蓋亦寡矣。而山下居人，祈心請見，或作自在天形，或為塗灰外道，慰喻其人，果遂其願。」此山被定為現今西高止山南段，秣刺耶山以東的巴波那桑山Papanasam，位於提那弗利Tinnevery縣境。浙江普陀山、西藏布達拉均由此山得名。

西藏·布達拉宮

五世達賴所著的《西藏王臣記》中詳細記載西藏民族的起源，觀世音菩薩的悲力化成一隻變種的猴子，聖救度母化作一個羅刹女，與猴配合，生出六個孩子。像父親的思想敏捷，悲心廣大；像母親的，面多赤色，稟性剛強，由此逐漸繁衍成西藏民族。

觀世音菩薩還化成藏王松贊干布，想在布達拉山頂，建一座王宮，讓四方國王歸順，八種自在功德應運而生。他親眼看到空中出現「嗡嘛呢貝妹吽」六字真言，並放射五彩燦爛的彩虹，輝映到山石上，現出觀世音菩薩、度母、馬頭金剛等聖像，然後又從觀世音菩薩的形象中放出光明照

清：清初，因鄭成功據台，朝廷再行海禁，江南沿海各省海岸三十里內，禁止人民居住，普陀山上僧眾也內遷，佛事衰落。直到順治十三年，寧海大將軍伊爾德打敗鄭成功，才收復舟山群島，到康熙二十二年，朝廷撥款重修普陀山普濟寺。此後康熙皇帝有六次南巡，其中於三十八年第三度南巡時抵杭州，特命太監提督顧問行等人上普陀山進香，除賜金前後寺外，並御書《金剛經》兩卷給前後寺，同時書「普濟群靈」及「潮音洞」額賜前寺，書「天花法雨」及「梵音洞」額賜後寺，書「皓月禪心」及「修持淨業」額賜兩寺住持。四十二年第四次南巡，分賜御書額給兩住持心明和性統禪師，並御製萬壽碑文植於普濟寺萬壽御碑殿中。第五次和第六次南巡分別在四十四年和四十六年，對普

陀山性統和心明禪師頗為禮遇，賞賜豐厚。

民清鼎盛時期，全山有八十八所庵院，↓

到六字眞言上，這些光明往來交織，成爲奇觀。藏王請來工匠將所見的佛菩薩像和六字眞言雕刻出來，並建成布達拉宮殿，果然四方部落主就都歸順了。

現在達賴喇嘛，仍被信爲觀音的應現，他們相信世界如一朵蓮花，西藏的拉薩爲蓮華的中心，是觀音的淨土，所以將達賴喇嘛的所居，命名爲布達拉宮，布達拉之得名，則同普陀山之得名一樣，是由梵文的補怛洛迦而來，西藏民族以佛教文化爲主，進一步說，西藏的人民以信仰觀世音菩薩爲中心。

中國--浙江普陀山

根據《華嚴經》的善財童子五十三參，第二十八參就是到普陀洛迦的紫竹林參問觀世音菩薩。

■西藏人相信世界如一朵蓮花，西藏的拉薩爲蓮華的中心，是觀音的淨土，所以將達賴喇嘛的所居，命名爲布達拉宮，布達拉之得名，則同普陀山之得名一樣。

一二八處茅篷，僧眾三千人，稱之爲「震旦第一絕勝道場」，香火之旺，冠於五台、峨嵋、九華。

民國：民國廿六年（公元1937）七月，日軍侵佔普陀山，海港封鎖，香客斷絕，院庵失修。文革期間，復遭嚴重破壞，所有宗教活動停止，直到一九七九年四月，普陀山管理局成立，才又開始重建寺院，搶修房舍，香火才逐漸恢復。普陀山現擁有古建築面積十五萬平方米。一九七九年四月，普陀山重新對外開放後，爲盡快修復文革期間損壞的普濟寺、法雨寺、慧濟寺等古建築，發展普陀山的佛教事業和旅遊業，妙善大和尚應邀從浙江餘姚蘆山寺重返了普陀山。一九八○年普陀山佛教協會恢復後，妙善大和尚被眾僧推爲普陀山佛教協會會長，爲重建普陀山付出畢生心力。

觀音臨此示不肯去海上神山湧
普陀樓閣久依二百寺與施霖
掛第千波雪和島嶼青來了花
難風際音更及第一人間淨土如
尋真歇去如今

乙丑八月遊普陀題訪
大人張妙華同遊 康有爲

■普陀山附近的蓮花洋，是舟山漁場魚群洄游的必經之路，春夏時節，沿海省份漁家，紛紛匯集洋面，灑網捕魚，陳現一幅熱鬧繽紛的討海生活風光。

《華嚴經》〈入法界品〉記載:

「毘瑟胝羅居士告善財言:善男子!於此南方有山,名補怛洛迦,彼有菩薩名觀自在,汝詣彼問菩薩,云何學菩薩行,修菩薩道?即說頌曰:『上有山多聖賢,眾寶所成極清淨。華果樹林皆遍滿,泉流池沼悉具足。勇猛丈夫觀自在,為利眾生住此山。』汝應往問諸功德,彼當示汝大方便。爾時善財童子漸次遊行,至於彼山,處處求覓此大菩薩,見其西面巖谷之中,泉流縈映,樹林翁鬱,香草柔軟,右旋布地,觀自在菩薩於金剛寶石上,結加趺坐,無量菩薩,皆坐寶石,恭敬圍繞,而為宣說大慈悲法,令其攝受一切眾生。」

另外,在《千手千眼無礙大悲心陀羅尼經》也對觀音道場作了描述:

「一時佛在普陀洛迦山,觀世音宮殿寶莊嚴道場中,與無央數菩薩、無量大聲聞、無量天龍八部神等,皆來集會。...時觀世音菩薩密放神通光明,照耀十方剎土,皆作金色,日月之光,皆悉不現。」

唐西天竺沙門伽梵達摩譯《千手千眼廣大圓滿

孫中山遊普陀

孫中山於民國五年八月,為了視察舟山軍港,順道遊普陀山,同行的有胡漢民、鄧君碩、周佩箴等人,搭乘艦長任光宇指揮的建康艦,抵達普陀山時驕陽已斜,登岸後,由一名叫道階的沙門領路,一路上行,走到佛頂山天燈台時,見景緻優美,獨自徘徊瀏覽,正欲走往慧濟寺的時候,奇觀出現:

根據孫中山所寫的《遊普陀誌奇》所描述,忽然見到寺前,恍然轟立一高大雄偉的牌樓,奇花連綿,寶幡舞風,有數十位奇僧,好像要前來迎接的樣子,正讚歎其威儀盛壯之際,忽然見到一個大圓盤,旋轉速度極快,無法分辨是什麼材質,什麼力量推動。正在想的時候,眼前的景象杳然無跡,到了慧濟寺以後詢問同遊者,居然沒有人看到此一景象。

「余腦藏中,素無神異思想,竟不知是何靈境。然當環眺乎佛頂台時,儵仰間大有宇宙在乎手之慨,而空碧濤白,煙螺數點,覺生平所經,無似此清勝者。耳聽潮音,心涵海印,身境澄然如影,亦既形化而意消。嗚呼!此神明之所以內通。」此一段親筆墨寶珍藏在普濟寺,煮雲法師在寺中任知客時,常有達官顯要慕名觀賞此一真跡者,見國父所述靈異事蹟,莫不心生敬信。經過文革紛亂,目前這禎墨寶不知是否還藏寺中。↓

無礙大悲心陀羅經》說，觀世音菩薩已於過去無量劫中，已作佛竟，號正法明如來。大悲願力，為欲發起一切菩薩，安樂成熟眾生故，現作菩薩。說明觀世音菩薩雖久遠劫來，已成佛道，但仍垂形九界，隨類現形，尋聲救苦，應以何身得度者，即現何身而為說法，普利有情。

普陀島、洛迦島

另外，在舟山群島中，普陀山是一個島，東南的洛迦山又是另一個島。傳說，觀世音菩薩在得道之前，曾在洛迦山修行，成佛後，一腳跳到普陀山的紫竹林開闢道場。由於兩島皆流傳有觀音菩薩的聖蹟，所以凡到普陀山朝聖者，必定也要到洛迦山走一遭，否則便會

■在舟山群島中，普陀山是一個島，洛迦山又是另一個島，由於兩島皆流傳有觀音菩薩的聖蹟，所以凡到普陀山朝聖者，必定也要到洛迦山走一遭，否則便會有「不到洛迦就不算朝完普陀」的遺憾。

蔣介石四上普陀

蔣介石四上普陀，也為普陀山留下一段佳話。民國九年，蔣介石年三十三，陪同母親王采玉朝山進香，住在三聖堂。三聖堂坐落在正趣峰下，其大門面臨妙莊嚴路，該處有清泉，明萬曆年，有僧人在此結庵清修，太監張隨捐資請禪師修建，清朝曾更名為如意庵，光緒年間改為三聖禪院，壁間刻有肅親王所書「無量壽佛」。民國十二年，蔣介石再陪母親上普陀山施齋千僧還願。民國三十八年五月間，蔣介石由長子經國陪同搭江靜輪駛抵普陀山，一上岸即徒步前往三聖堂拜謁，表達對母親的懷思。

這次朝山，在蔣經國的日記中有詳細描述，「經過洛迦山、朱家尖、登步、桃花等島，到定海上金塘島，參訪雪竇寺的下院普濟寺，拜謁「國僧」--果如和尚的塑像，此國僧為慈禧太后賜封。」蔣介石的母親曾經皈依果如和尚，此次專程拜謁和

↓

清代裴班《普陀山志》十二景

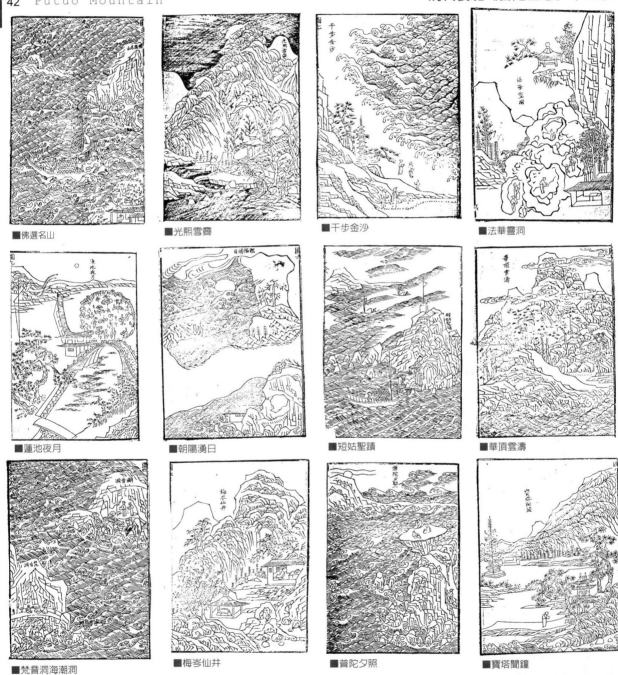

■佛選名山　　■光熙雪霽　　■千步金沙　　■法華靈洞

■蓮池夜月　　■朝陽湧日　　■短姑聖蹟　　■華頂雲濤

■梵音洞海潮洞　　■梅岑仙井　　■普陀夕照　　■寶塔聞鐘

有「不到洛迦就不算朝完普陀」的遺憾。

前人也曾把普陀山的勝境和西湖之美相比，「以山而兼湖之勝，則推西湖；以山而兼海之勝，當推普陀山。」每當農曆二月十九日、六月十九日、九月十九日，即觀音菩薩誕辰、出家、得道三大節日，此「三九」三日，普陀山上一定擠滿來自全世界的信徒，至誠朝禮聖地，好不熱鬧，寺廟也舉行盛大隆重的觀音法會。

普陀山浪浯梵音，島上現擁有普濟、法雨、慧濟寺三大禪寺為主的叢林名剎，同時也是一海濱聖地，島上寺廟，海、沙、石齊全，奇花異木遍布；島外，海浪濤濤，漁帆點點，引人入勝。普陀山以山兼海之勝，景緻獨特，歷代以來有所謂八景、十景、十二景、十六景之讚頌。其中有明代文學家屠隆的《普陀十二景詩》，此十二景為：梅灣春曉、茶山夙霧、古洞潮音、龜潭寒碧、天門清梵、磐陀曉日、千步金沙、蓮洋午渡、香爐翠靄、缽盂鴻灝、洛迦燈火、靜室茶煙。還有清代裘班《普陀山志》的十二景（詳見左圖）。

尚，也聊表一番孝心。同年八月第四度上普陀山，在台北松山機場搭乘美齡號專機飛定海機場，轉乘太康號軍艦登普陀山，當晚下榻文昌閣，第二天遷至天福庵，遊西山磐陀石、二龜聽法等景點。第三天美國政府發表對華白皮書，此事對民心士氣影響甚大。蔣介石仍泰然遊洛迦山、潮音洞，晚間在庵外觀月聽濤，談笑自若，這些事蹟在經國先生的日記中亦有詳述。

陪同蔣介石遊覽的江蘇省政府主席丁治磐留下了「遊普陀詩二首」，其中《普陀侍遊》詩云：「勝跡先探紫竹林，天風琅琅送潮音；海山盡在烽煙里，誰識閒雲一片心。」另一首《佛頂山寺留題》詩云：「今來普陀山，海天絕塵路；潮音本大觀，達士之所悟。」「回首疾風波，識得清貞趣；極苦乃極樂，我亦不肯去。」據說，蔣介石在紫竹林不肯去觀音院門前，望著匾額沉吟良久，喃喃唸道：「不肯去？不肯去！」八月六日搭太康艦離開普陀山，大陸易色之後，蔣介石就沒有機會再回普陀山了。

觀音不肯去。

眾生無邊誓願度。觀音菩薩有願不肯去，一定是嫌這裡沒有與他投緣的眾生。既然是這樣，還是在此處的勝跡前，下午道場吧！

PUTUO MOUNTAIN

Putuo Mountain

觀音不肯去。

這是觀音菩薩最早留在此處的勝跡，
為何觀音到此就不肯離去呢？
也因為這一段因緣，
才造就了普陀山此一千年道場吧！

觀音不肯去

親從五台來，欲向日本去，

普門名號遍十方，何必繪像圖歸計。

忽然舟不前，菩薩應無住。

聽其止而休，此貨已成滯。

一山名勝待師開，天下群瞻兩足地。

— 釋通旭《贊不肯去觀音像》

　　普陀山覆蓋著花崗岩，長期的海浪沖刷加上風化，形成特殊的地貌，山上景致宜人，四季都有不同的風韻，動靜皆有可觀之處，山樹之間有廟宇，正如明朝萬曆進士徐如翰所寫「山當曲處皆藏寺，路欲窮時又遇僧」行者朝山，處處聖蹟所給予的加持力更是殊勝。山上植被資源豐

富，其中又以香樟最有名，普慧庵內有一株千年樟，普濟寺和法雨寺中庭亦有數株上百年的香樟，另外上百年的羅漢松亦多達上百株。

普陀山島上的景點可以概分為普濟寺景區、後山景區、佛頂山景區、法雨寺景區、西天景區、梵音洞景區、南天門景區、紫竹林景區、洛迦山景區，各景點有不同的風貌和史蹟。

紫竹林景區

紫竹林景區分佈在雙峰山東岸和南端，包括潮音洞、不肯去觀音院、紫竹林禪院、觀音跳、南海觀音立像、西方庵等景點，其中不肯去觀音院，小巧別緻，為景區中心點。

不肯去觀音院

不肯去觀音院，前方面海，左方是潮音洞。我們到時適逢該院正在整修，門牆一部分已經被打掉，許多工人正在施工，雖不得一窺究竟，還可以看見一堵黃色矮牆圍著三間佛堂的樸質輪廓。寺院雖不大，香火卻鼎盛，主要是因為它的歷史緣由，歷來被視為普陀第一庵。眾人圍繞在施工

■普陀第一庵，我們到時適逢該院正在整修，還可以看見一堵黃色矮牆圍著三間佛堂的樸質輪廓。寺院雖不大，香火卻鼎盛，主要是因為它的歷史緣由。（上圖為1998年攝）

圍牆邊望著它的輪廓，想像著這座觀音菩薩最早留在此處的勝跡，爲何到此就不肯離去呢？也因爲這一段因緣，才造就了普陀山此一千年道場吧！

「不肯去觀音院」庵院不大，但香火興旺，這是「佛選名山」--普陀山成爲觀音菩薩道場的開始，也是傳說中觀音菩薩修行成道的所在。到了後梁貞明二年（公元916）信衆們才正式把張家的三間茅廬擴建爲廟宇供奉觀音像，號爲「不肯去觀音院」，並遷址到靈鷲山峰（即今普濟寺前身），朝音洞上的舊址因而湮沒，現有的「不肯去觀音院」是一九八○年在潮音洞上重建的。三間古樸的平房，供奉觀音聖像，紀念當年慧鍔大師的殊勝緣起，後來經過幾次改建、擴建而成今日的樣貌。

■寺院雖然尚在重建，香爐內卻仍香煙裊繞，信徒誠心不減。

禁止捨身燃指碑

不肯去觀音院左側靠近海邊的潮音洞上，有一座石碑，碑文上書「禁止捨身燃指」。據傳潮音洞是觀音菩薩時常現身的地方，過去常有人為求解脫，或為求法、或為求擺脫世間苦惱，在潮音洞崖上縱身跳海，紛紛以投海捨身侍奉觀音，以為這樣就能跟隨觀音到淨土去，不再受苦，名為「捨身」。

相傳過去東晉時，有梵僧來到潮音洞朝聖，因為沒有見到觀音菩薩現身，以燃十指做為供養，十指連心，是非常痛的，但精誠所至，觀世音菩薩現身了，並送給了梵僧許多寶石。消息一傳開，許多居民都起而仿效，以為燃掉食指就能見到觀音，

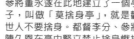

■為阻止迷信歪風，明萬曆年間參將董永遂在此地建立了一個亭子，叫做「莫捨身亭」，就是勸世人不要捨身。都督李分、參將陳久恩在亭中豎立禁止捨身燃指碑。

傳說故事—觀音不肯去

相傳日本高僧慧鍔於唐朝大中年間到中國來，前後共四次，咸通四年（公元863）第三度來中土參學，並前往五臺山朝聖。一日慧鍔到中台精舍，看到一尊檀香木雕的觀音像，法相莊嚴，十分歡喜，心想把雕像帶回日本建寺供奉，也讓日本眾生與觀音菩薩結下好緣，於是就向方丈懇切表明心意，方丈感其誠意，乃允其所請。於是慧鍔非常恭敬地把觀音像包好，從五臺山背負到明州開元寺，住了幾天，擬於第二天在明州（寧波）望海鎮，搭張支信駕駛的船直放日本。

第二天，船駛到普陀洋面，突然間暴風驟起，浪頭甚大，進退不得，只得把船駛進普陀山東南的山裡落帆。當晚，慧鍔夢到一僧人告訴他：「你只要把我安置在此山中，必定會風平浪靜的與你相送。」但慧鍔一心只想把觀音帶回日本，因此未多在意。天明後，洋面曙光萬丈，不見大浪，便又揚帆起舵，船行約莫半個時辰，到了新羅礁時，洋面又突然起霧，天色一時之間黯淡下來，遮住船前行的方向，繞了半天，船始終停留在普陀山不遠處的洋面打轉，慧鍔急得直念佛，並囑船家向前行，但沒多久，船突然擱淺一般動彈不得，眾人往江面一看全都傻眼，只見江面上一片鐵蓮花，船正好被圍在蓮花中央。慧鍔心中大驚，一連兩天都前進不得，莫

造成一種迷信的風氣。明朝，捨身求往生西方極樂世界的風氣最盛。

　　為阻止迷信歪風，明萬曆年間，參將董永遂在此地建立了一個亭子，叫做「莫捨身亭」，就是勸世人不要捨身。都督李分、參將陳久恩在亭中豎立一座石碑，就這座高約二米、寬約一米的「禁止捨身燃指碑」。

　　碑文上寫著：「觀音慈悲現身說法，是為救危難，豈肯要人捨身燃指？今皈依佛教者，信心虔修，善行自然圓滿。若捨身燃指，有污禪林，反有罪過。為此立碑示諭，倘有愚媼村氓，敢於潮音洞捨身燃指者，住持僧即禁阻，如有故犯，定行緝究。」

　　不過村夫愚婦不能了解信仰的真意，照樣捨身燃指，時間一久，石碑也給推倒了。到了清朝，捨身風氣依然興盛，有一次定海縣知縣繆燧護送御賜龍藏《金剛經》來到普陀山，見到有一人投身到潮音洞中，海潮之中出現了一片血光與一陣黑浪，人也不見了，覺得甚為荒唐，便想了一個法子，將幾把利刃藏在一隻死豬肚子裡，將死豬扔入海中，過了不久，海面浮出一頭鯊魚的屍體，居民才知道長久以來的捨身，並非被觀音菩薩接引到西方淨土，而是引來海怪。後來官府從此開始禁止村民這些迷信行為，繆公又出錢兩重新修復明萬曆年間的「禁止舍身燃指」碑，並在潮音洞旁築起一座亭子，取名「莫捨身亭」，亭內再豎一石碑，刻有繆公親筆書寫的《捨身戒》：「...夫捨身以求福也，而先受慘禍，嗚呼，若死而有知，風雨畫夜漂泊淹忽，不知幾何怨悔也！而或父母望其歸，妻子冀其還，兄弟親戚莫不延頸以望，忽得凶聞，愴恍號

■潮音洞旁的岩壁上，人工雕鑿的小佛龕中，佛像已見斑駁。

泣，何可聖道！非忍心狠戾，計不出此。如是而欲望慈悲之大士，以一死爲皈依，吾知其必疾惡痛恨，斥之惟恐不速矣，尚奚福之有！...」從此捨身之事不再。

如今，「禁止捨身燃指」碑依然屹立，但莫捨身亭因年久失修，已不復見。

該碑文字跡雖清楚，但已見斑剝，且石碑有過龜裂的補痕，忠實記錄了信衆們的知見，許多遊客在此留影。近年來類似的行爲已經少有聽聞，修行總離不開這一個心念，外表功夫並不能從根本上發生作用，人身難得，雖說此肉身爲四大五蘊和合而成，但藉假修眞仍要有健全的身體，只有自身成就道業，自利利他，才能報佛恩。

潮音洞

　　無端絕壁起雷霆，倏爾神兵戰鼓臨。
　　鯨吼一聲震谷響，鰲翻千里浪潭深。
　　灑來石穴紛紛雨，激向岩中點點金。
　　欲説此間靈異處，竟傳大士聽潮音。
　　　　　　　　　　　——釋悦参《古洞潮音》

非觀音菩薩不肯去日本？忽然記起昨夜的夢，於是轉身回到船艙面對菩薩像跪了下來，祈求道：「如果日本眾生無緣一見菩薩，慧鍔一定遵照菩薩的意旨，在此地別建寺院供奉。」祈語剛落，只見洋面開出一條通道，船就隨著通道駛進潮音洞邊，上岸以後但見山勢優美，有修竹茂林，沙灘岩石亦獨樹一幟。目睹海上奇景的張姓漁民對此甚感驚異，就央請慧鍔暫時先把菩薩安置在他家供奉，過幾天慧鍔搭張支信的船回日本。

■懂事前的人生，是輕鬆單純的人生。成熟後的人生，是千變萬化猜不透的人生。單純的人生裏只有真誠………

■過去常有人為求解脫，或為求法、或為求擺脫世間苦惱，在潮音洞崖上縱身跳海，紛紛以投海捨身侍奉觀音，以為這樣就能跟隨觀音到淨土去，不再受苦。名為捨身；也聽說觀世音菩薩曾示現在潮音洞內，所以許多遊客也會站在大士橋上眺望洞口，希望能一睹菩薩聖容。

　　潮音洞在不肯去觀音院下方入海處，洞半浸於海中，縱深有三十米，海岸曲折往返，怪岩重疊，洞底通海，頂上有縫隙，稱天窗。由於不肯去觀音院正整修，無法進入，我們一行只能在天窗聽浪打岩壁的濤聲。潮音洞為普陀山一聖景，潮水奔騰湧入洞口，勢如飛龍，聲若雷鳴。如果是大風天，浪花直撲天窗之上，如果是晴天，洞內七彩幻現，蔚為奇觀。

　　「古洞潮聲」被列為普陀十二景之一，雖然是白天，但濤聲如大軍齊奔，可以想像夜晚的浪濤聲是更為驚人。「浪花飄瀑晴飛雪，海月浮光夜見虹」，清靜的月夜裡，在潮音洞旁靜坐，應該可以很快進入禪定吧！

　　潮音洞的故事也很多，許多香客

到洞中看前世與來生，傳說信眾只要虔誠祈求，有感則通。有些信眾也會到此看觀音菩薩示現，歷來有許多觀音在此顯像的傳說，而且化現的聖像，會隨人所見而不同。

大士橋‧澹澹亭

在潮音洞上有一座大士橋，始建於南宋淳熙十六年，寧宗御書「大士橋」。清朝李林曾寫大士橋詩頌：「大士放慈光，橋頭日夜望；能將一滴水，變化作津梁。」清末橋毀，近年重建。潮音洞上有一小亭，名曰「澹澹亭」，建於一九八○年，前中國佛教會長趙樸初取曹操《步出夏門行》中：「東臨碣石，以觀滄海。水何澹澹，山島竦峙。」之意，取名澹澹。

大眾到了澹澹亭邊，面對海浪看著一波波的浪潮撲岸而來，海面蒙上一層薄霧，法師在海岸邊選了一處適當的地點，大家著好海青，圍坐在高低不平的岩石上開始共修。〈爐香讚〉才起唱，天上飄起細細雨絲，像棉絮一般輕拂在臉上，這正是江南的「霑衣欲濕杏花雨，吹面不寒楊柳風」，唱誦聲響入山中，與海浪聲相互掩映，許多遊客在聽聞觀音聖號後，也在旁隨喜，虔誠的合掌唱誦。當唸及「瓶中甘露常時灑，手內楊柳不計秋，千處祈求處應，苦海常作度人舟 。」有些團員禁不住淚水盈眶，即至唱誦聖號「南無觀世音菩薩」時，竟然淚流不能自已，也許是有感於觀音的悲心願力，以及自己罪業深重，至今仍在苦惱之中，

■潮音洞上有一小亭，名曰「瀾瀾亭」，建於1980年，趙樸初取曹操《步出夏門行》中：「東臨碣石，以觀滄海。水何澹澹，山島竦峙。」之意，取名瀾瀾。

■「南無觀世音菩薩」聖號的唱誦聲，在薄霧中瀰漫開來，感染了周遭的人們，大家一起合掌唱誦，一起禮拜觀世音菩薩。

宋神宗元豐年代，內殿使臣王舜封奉命出使三韓，船行經過普陀山外海時突遇狂風，海上掀起巨浪，王舜封叫士兵下帆，船帆降下之後，船卻像是觸礁一般不再搖晃，眾人往外一看七嘴八舌的說：「海上有怪物！」定睛一看是一隻大烏龜把船駄負著，大家正不知所措時，一位士兵指著岸邊說：「前面就是普陀山，傳說是觀音大士顯聖的地方。」

於是大眾一起祈求觀世音菩薩保佑，船被駄負快接近岸邊時，突見岸上放出萬道光芒，知情者喊道：「那就是潮音洞！」只見耀眼光芒中漸漸顯現出觀音大士的滿月相，越現越大，然後近至船邊，眾人趕緊跪地感謝大士顯靈。此時風已平浪已靜，海龜不見了，光芒退去後，觀音也消失了，眾人才在驚醒中感到不可思議。

王舜封回朝後，將此事奏明皇帝，神宗於是頒下聖旨，賜名普陀山的主剎為「寶陀觀音寺」，正是現今普陀三大寺之一的普濟禪寺。清康熙三十八年御書「潮音洞」勒於石壁上。

一時悲從中來吧！我問了一位師姐，她說剛一唱誦，一股懺悔心自心中湧起，淚水怎樣也止不住，就讓它流吧！流過以後覺得舒暢多了，好像好久不曾這麼暢快的大哭過，真的像是被水滌淨一般。

隨喜群眾中，一位黑衣女子，靜靜合掌，神態安詳。而我則在一旁靜聽，人聲和海浪聲漸漸融合，這時《楞嚴經》中「觀世音菩薩耳根圓通」悟道的章句

突然映入腦海：「我於彼佛發菩提心，彼佛教我從聞思修入三摩地，初於聞中，入流亡所。所入既寂，動靜二相，了然不生。」突然覺得現前的境界寂然不動，一片澄明。待大眾迴向畢，我才從此清安境中回到現實，回首那位黑衣女子也以不見蹤影，莫不就是觀音菩薩的化身？其實，當我們心中清淨時，眼中所見境莫非是淨土，眼中所見人莫非是佛菩薩。

補怛紫竹林寺

紫竹林庵在雙峰山上東麓潮音洞上，《定海

■補怛紫竹林寺原名紫竹林庵，舊稱聽潮庵，為聽潮最佳的庵院。

廳志》記載，南宋紹興年間，有巨商泛舟至普陀洋受風所阻，於是泊岸雙峰山畔，建山上有一座庵院，院外紫竹成林，便截下一、二枝欲爲手杖，手起刀落，見竹身閃耀發光，後遇一老人告訴他說，所到之處，就是旃檀林中的紫竹林，爲觀音居住之處。

補怛紫竹林寺原名「紫竹林庵」，舊稱「聽潮庵」，因爲庵前的潮音洞，終日濤聲不絕，爲聽潮最佳的庵院，就座落在不肯去觀音院旁，明末僧人炤寧創建，康熙皇帝增頒賜御書「潮音洞」匾額，但此扁現已不存；道光二年（公元1822），改名「紫竹林庵」，民國八年（公元1919）康有爲題贈「紫竹林禪院」匾額掛於正門，現前門牌樓則爲魏政所書之「補怛紫竹林」。紫竹林相傳也是觀世音菩薩常常弘法之地，這裡的場景就和《華嚴經》中所描述，善財童子參訪觀音菩薩的場景一樣。

寺院曾幾度衰敗復建，現有的形貌大致是在一九九三年修復的，修復後的禪院仍爲傳統寺院的格局，自海岸沿階梯而上，殿分四進，從澹澹亭

紫竹林原也有一段史話。傳說在久遠以前，觀音菩薩在桃花白雀寺出家，到普陀洛迦修行，得道後到西天參拜阿彌陀佛，一天佛對他說：「你修學有成，可以回普陀洛迦講經說法，普渡東土眾生。」於是祂便飄然返回普陀山。行至蓮花洋，但見一片烏煙瘴氣，原來他到西天以後，普陀山被蛇精佔據，蛇王潛居潮音洞，常化作一名紅臉大漢在山上遊蕩，伺機殘害生靈。

觀世音菩薩回到普陀山的第二天，化作一名年輕女子，從洛迦山一跨步跳到普陀山龍灣崗一塊大石上，留下足印，這塊巨石就是現在一般所知的「觀音跳」。觀音大士立定腳跟，從潮音洞口瞬間出現一名紅臉大漢，粗聲粗氣的說：「小女子，你到我的島上來做什麼？」觀音一看，知是蛇精所化，便說：「你就是蛇精吧！爲何佔我佛門淨地，荼毒生靈？」蛇精說：「笑話，我在此住了上千年，怎說我佔你佛門淨地？」

觀音見蛇王口氣傲慢，想讓他心服，便說：「你原來住在東福山雲霧洞，趁我到西天時佔據普陀山，何不行個方便，回東福山去，把此地還給我建寺傳法？」蛇王也不甘示弱說：「你口口聲聲說此山是你的，有何憑據呢？我在此修煉上千年，我的身長可以繞島一圈哩！」

↓

沿石板路進入寺門，第一重是彌勒殿，供彌勒菩薩，第二進是天王殿，第三進是圓通寶殿，「圓通寶殿」四字匾額爲台灣妙通寺傳聞法師所贈，殿中供奉兩公尺高的漢白玉觀音坐相，頂上書「慈雲普覆」，後爲大型紫竹壁畫，左右聯曰：

上同諸佛斷惑証眞現卅二應身
下合眾生尋聲救苦失十四無畏

殿外砌石欄，雕刻精美，第四進是大悲樓，樓下供有一尊重達四千五百公斤，自緬甸請來的白玉臥佛像，另有三聖殿、藥師殿等。這一天，在寺院參拜的遊客如織，每一進都擠滿了人潮，尤其是在圓通寶殿，向觀音菩薩上香的遊客和信眾特別多。在通往澹澹亭的那條石板坡道上，有一鼎香爐，香爐上的銅獅子被信眾摸得發亮，傳說摸過之後，會帶來福慧，正好省去香燈師擦拭的功夫。

院外有一片紫色竹林，史上記載在宋朝時，此地就有大片紫竹林，後來曾經絕跡，近年又在此處精心培育了三千株，竹高三米，竿呈暗紫色，竹枝秀麗，綠葉婆娑，成爲寺外一大景觀。走出寺院前門即見一片岩石海岸，走道之外皆是參差錯落的巨大岩石，堆疊成一幅雄偉的海岸景觀，在一波波海浪不斷拍擊下，朵朵浪花碎裂於岩石之後，隨即消失於後續的浪濤之中，眼看浪花擊岸、耳中迴蕩不絕的壯闊潮音、心中則

■補怛紫竹林寺原名「紫竹林庵」，舊稱「聽潮庵」，因爲庵前的潮音洞，終日濤聲不絕，爲聽潮最佳的庵院，就座落在不肯去觀音院旁。

■喝了觀音瓶流出的聖水，聽說可以百病消除。

觀音用話來激他：「你能繞島一匝？我卻不信，不如我們做個賭，如果你能繞島一匝，此山就屬你，如若不能，卻又如何？」蛇王心想這不過是家常便飯，就答應道：「如若不能，這山就與你做道場。」

說罷，搖身一變成為一條千年巨蟒，接著蛇身慢慢伸長蜿蜒繞著島而去，眼看著首尾就要相連，此時觀音菩薩把腳一蹬，洛迦山遠離普陀山而去，蛇王越圍，兩山相去越遠，這時蛇王才領略菩薩的威力。不過還是不肯認輸，也要求觀音大士顯一顯本領。觀音舉起楊枝，往瓶中一蘸，隨手灑向雙峰山麓潮音洞的後方，只見那裡的岩石上紛紛長出紫色的竹子，蒼蒼翠翠，形成一片紫竹林。蛇王一見知道大士法力無邊，只得認輸，讓出這片地來。

■史上記載在宋朝時此地就有大片紫竹林，後來曾經絕跡，近年又在此處精心培育了三千株，成為寺外一大景觀。

揣摩著歷史悠久的觀音古蹟，種種都交織成一種特殊的朝聖情懷，在心中形成親禮於佛的記憶。

相傳當時這裡不止竹子是紫色的，連這裡的石頭，也都形似染繪紫竹一般，稱為紫竹石，遊客都會隨手撿拾留做紀念呢！大眾經過這裡都在導遊的解說下好奇的蹲下身子仔細觀賞，只見一枝枝竹子真的是呈紫墨色，過去在千島湖的島嶼上見過方形的竹子，這次見到紫竹，終於知道「紫竹林觀音」的紫竹，是人間的而非天上的。

觀音跳

西方庵南邊的海岸邊上，橫臥著一顆平坦的大石頭，稱為「觀音跳」，也叫做「觀音眺」，是普陀島和洛迦島的最近點。相傳觀世音菩薩在得道之前，曾在洛迦山修行，得道成佛之後，一腳從洛迦山跨到紫竹林開創說法道場，在此巨石上留下腳印。腳印約有四十二公分長，趾附分明。

也有傳說觀音大士是從桃花島上跳過來的，因為島上的一個磨磐石時也恰有一個與觀音跳左右對稱的腳印。還有傳說是觀世音菩薩常站在這個大石頭上眺望大海反觀自身，因而又名觀音眺。

南海觀音

離開紫竹林庵後，我們沿著海邊步道走向另一個景點-南海觀音。天色已近黃昏，四周升起一層薄霧，遠眺高台上的南海觀音，另有一種不

觀音大士朝
洛伽座道駕
慶雲雜裏現
萬古仰秋來

靈異古

觀音跳

■（上圖）觀世音菩薩曾從洛
迦山一跨步跳到普陀山龍彎
崗的一塊大石上，留下腳
印，這塊巨石就是現在一般
所知的「觀音跳」。
■（下圖）找到觀世音菩薩的
腳印，忙不迭頂禮起來。

同的感覺。只見一座牌樓上寫到「南海觀音」。進入牌樓內，地上舖有石板路，石板上刻著朵朵蓮花，許多信眾就這麼三步一跪的朝上拜了過去，繞個彎就看到一座高十八米的飄海觀音銅像，這一方園地，因為是晚近才規劃興建的，感覺上比較新而且現代。

　　南海觀音始建緣起，是因為普陀山沒有一個象徵性的建築物，於是普陀山佛教協會乃決議在一九九六年農曆九月十九日（觀音出家日）奠基一尊南海觀音立像。觀音像台座三層，觀音銅像面部含金量六點五公斤，高十八米、蓮台高二米、台基和功德大廳高十三米，總高為三十三米，在普陀山島上各處或海上都清晰可見。像身採用合金銅，由洛陽銅加工廠精鑄而成，重達七十餘噸，由九十六塊銅板焊接而成。由普陀山方丈妙善長老親自監製，一九九七年落成，前後不到一年，由前中國佛教協會會長趙樸初題詞為「南海觀音」，農曆九月二十九日（觀音得道日）開光，世界各地的佛教徒都來參與此一盛會。

　　銅像座落於觀音跳、南天門之間、南朝大海，與洛迦山隔海相望。整個工程設計充分體現了海、山和銅像三者的高度和諧與統一，寶像造型上則盡現了觀音菩薩的慈悲與柔美，形像端莊，線條流暢，褶褶生輝。南海觀音左手托法輪為飄海觀音像，取意為「苦海常做渡人舟」、「千層浪頭顯真如」；右手示施無畏印、頭頂阿彌陀佛，妙相莊嚴慈悲，體現觀音「慧眼視眾生、弘誓深如海」的悲願，讓人感到一股莊嚴、慈祥的氣氛，深入此境，有如置身於觀音菩薩的淨土之中，雜念頓消。

■佛教四大天王之一的南方增長天王，手中持刀。保護佛法不受侵犯，也表示持此智慧之劍，鋒利如風，可斬斷無明煩惱。

■菩薩以慈悲的面容，眷顧著每一個人，觀想菩薩如母親般的慈祥，讓每個人的心中也充滿了安祥。

在觀音座下是功德殿，大廳中央擺有一座鍍金的大型功德箱，左右兩壁則是木刻浮雕，描述南海聖境的一些掌故，有藍公護法、飛沙塡海、二龜聽法、觀音送飯。功德殿前有一大廣場，左右

一九九七年的觀音得道日，是南海觀音開光的日子，據說當天普陀山和附近的海域，全部擠滿人潮與大小船隻，各大高僧、長老和遠近海島的居民一層層湧向觀音台。這大概是普陀山有史以來湧進最多人潮的一次。大家都欣喜與會，欲為難得一見的巨型觀音開光。

只是當天的天氣不佳，厚厚烏雲翻滾著，好像隨時就要落雨了。不過大會依然隆重開幕，開光的號角一鳴，奇蹟發生了，厚重烏雲突然裂開，顯出一個大洞，一道炫目的陽光如探照燈的光束，直射南海觀音的胸心。頓時萬人驚呼，聲浪把鞭炮聲都蓋住了，這項聖跡至今都還為人津津樂道，為普陀山再添一則傳奇故事。

■南海觀音像在1996年農曆九月十九日奠基，觀音銅像高十八公尺、蓮台高二公尺。觀音左手托法輪，右手示施無畏印，妙相莊嚴慈悲。

海上有山多聖賢
泉寶所成極清淨
華果樹林皆徧滿
泉流池沼悉具足
為強丈夫觀自在
欲應牲間諸菩薩
於當示汝大方便

■前壁的石牆，雕有華嚴經入法界品微妙章句中，髀瑟胝羅居士告訴善財童子有關普陀山因緣的文字。

兩側是浮雕，一邊雕的是鑑眞和尚東渡弘法的故事，一邊是唐玄奘法師西天取經的故事。後壁有一面石雕牆，雕的是蓮池海會，中央是觀音菩薩坐像，兩旁是文殊和普賢菩薩。前壁也是一面石牆，雕有《華嚴經》〈入法界品〉微妙章句中，髀瑟胝羅居士告訴善財童子，有關普陀山的因緣那段文字，文章由妙善方丈題字。左右一幅對聯曰：

蓮爲大士出塵相
海是空王度世心

大眾抵達南海觀音銅像前，換上海青，就在「南海觀音」四個金色大字前，兩路排開，一起作晚課，許多前來參禮的信眾也紛紛加入拜願的行列，虔誠頂禮。此時海上飄來濛濛薄霧，右側海面上有幾葉小舟。唱頌著「南無觀世音菩薩」，但見菩薩面容慈悲，眷顧著每一個人，想著觀音菩薩如母一般的慈祥，有人又不禁悲從中來。一樣有很多不相識的人前來隨喜，夏經理和導遊小顧也在隊伍中隨眾跪拜。做完晚課後，天色已逐漸暗下來，大家循著原路緩步下山，徐徐海風迎面吹來，心中有著一股說不出的舒暢。

小　參

當天晚上，用過晚膳後，宗濟法師為大眾開示：

難得有機會出來朝聖，大眾應以懺悔心和精進心去面對，並把此行當作是一生中最重要的事，聖地自有其攝受的力量，起心動念都有相應之處。觀音菩薩以普門示現，所謂普門就是平等意，就是眾生平等的慈悲法門。他勉勵大眾應以清淨心朝聖，如何清淨？洗碗、掃地都要清清楚楚。事實上，觀音菩薩都沒有離開過你當下的心念，只要我們收攝自心念住當下，在聖地時多持咒、多感受聖地的加持力，如此連續不斷的投入，必能身心充滿喜悅，甚而親見觀音菩薩。因此朝聖這幾天，大家一定要用心，收攝自己，安住在當下。

如何開展自己的無量光、無量法身慧命？解脫只能靠自己，無人能替，即使在家，只要用心修行，也能成就很好的福報與智慧。

鄭師兄也向大眾分享他的心得。他說，過去搭車搭船從來不曾暈過，這次從瀘潮碼頭坐渡輪到普陀山的時候，因為在船上對於船家播放港劇的吵雜聲起了瞋心，結果吐得一場糊塗，上岸後午膳也是食物入口即吐。隨大眾遊紫竹林寺時，幾乎不能行走，到了南海觀音像前作晚課時，至心懺悔，突然覺得身心舒暢，及至晚課結束，但覺一切如常，鄭師兄有感於懺悔功德如此不可思議，願與大眾分享。

夜宿於中信普陀大酒店，酒店面對著金沙海岸，靜夜裡可以聽見清晰的浪撲沙灘的聲音，和丁林兄靜坐了一會兒，就和著浪花聲在聖地中度過平靜的一夜。

每逢朔望于江中得水于大月．
無機不入閣中看畫龍不飛去．

海上臥佛。

PUTUO MOUNTAIN
Putuo Mountain

海上臥佛。

有感即通千江有水千江月，
無機不被萬里無雲萬里天
一日兩度潮可聽其自來自去，
千山萬重石莫笑他無覺無知

海上臥佛

山勢欲壓海，神宮向此開；
魚龍腥不到，日月影先來。
樹色秋擎出，鐘聲浪答回；
何期乘吏役，暫此拂塵埃。

—王安石　《遊洛迦山》

　　清早即起，這天的行程是到洛迦山，先到短姑道頭搭渡船到彼岸。洛迦山位於普陀山東南，與普陀山相隔五千多公尺，相傳此為觀世音菩薩修行之地。自古以來，普陀洛迦即融為一體，山上有聞思亭、圓通庵、大悲殿、大覺庵、石牌坊、五百羅漢塔、四十八願塔、洛迦山燈塔、水晶宮等景點。

■ 海面上一個小島，島成長條形，遠看像個睡觀音，頭部、肚皮、腳部都清晰可辨，有「海上臥佛」之稱。洛迦島傳為觀世音菩薩發跡、修行之聖地，明萬曆年間，已有僧人在洛迦山結茅清修。

■（上圖）觀世音菩薩的修行法門即是從聞思修入三摩地，這個入三摩地就是解脫大定。
■（下圖）在佛前點一盞光明，蠟燭在普陀山是主要的供養物之一。（1998朝聖行）

海岸牌坊

有感即通

千江有水千江月

無機不被

萬里無雲萬里天

一日兩度潮

可聽其自來自去

千山萬重石

莫笑他無覺無知

上洛迦山的碼頭就在「短姑道頭」，碼頭岸邊豎立了一座三門四柱、翠瓦飛檐的雄偉牌坊，這就是著名的「海岸牌坊」。始建於雍正九年（公元1731），當時是一座石坊，一九一九年安徽一位陳性良居士，因祈嗣有感，募捐重建，改爲九米高、十二米寬的牌坊。中門直批「南海聖境」，下有橫幅「同登彼岸」，對聯寫

■短姑道頭上豎立「同登彼岸」的古老石坊，朝聖者都得在寧波上船，經五十多海里的風浪顛簸，才能「同登彼岸」，來此嚮往已久的觀音聖地。

■ 牌坊西側為慈雲禪院，綠瓦黃牆，創建於明萬曆年間，原名慈雲庵，築在短姑道頭聖蹟的上方，瀕臨蓮花洋。

到：「有感即通千江有水千江月，無機不被萬里無雲萬里天」左右兩門的橫幅分別是「金繩覺路」、「寶筏迷津」，都是北洋政府時期黎元洪、徐世昌所題。對聯是：「一日兩度潮可聽其自來自去，千山萬重石莫笑他無知無覺」文字除彰顯法義之外，頗見文采。

牌坊西側有一間慈雲禪院，綠瓦黃牆，創建於明萬曆年間，原為慈雲庵，築在短姑道頭聖蹟的上方，瀕臨蓮花洋，此地為舊時凡由短姑道頭到普陀聖境地者，一定入內朝拜觀音。牌坊後面有一座回瀾亭，亭中豎有石碑，碑文為九世班禪所撰寫，名為「班禪碑」。碑文為《禮觀音》漢藏兩式，文曰：「海中山島真古奇，巔上多有慈航法；鄙等生靈有何孽，懇祈觀音消其罪。」

九世班禪在一九二五年五月間上普陀山禮佛，同行的還有章嘉活佛等四十五人，五月十日從短姑碼頭上岸，受到盛大歡迎。十一日遊普濟寺，設千僧齋一堂，住持了信廣裕和尚作上堂法語：「法王法道遍塵寰，受囑弘法隨宿緣；藏地雙操政教柄，為禮普門到南海。」說明一段因緣後，卓杖云：「觀音無剎不現身，活佛原是慈悲心。」在山上駐錫五日，親至法雨寺、慧濟寺誦經，十五日離開普陀山。回藏後派人送來漢藏碑文一塊，就是這塊「班禪碑」。

大眾在海岸牌坊前面排隊等渡船，當地也有一些居民往返於普陀山和洛迦山之間，他們和守門的收票員打聲招呼就過去，我們則是在收票口前排兩條長龍慢慢等，有些人在海岸牌坊前拍照，宗德法師拿出記事

■賣香燭的小販，連往生被都有賣，這個小販見到師父來，就開始又推薦又兜售，師父一看便說：「這是往生被。」大家一起露出「一切盡在不言中」的笑容。

簿，很認真的記著牌坊上的對聯。這時有好幾位村婦，兜著一手或是提著一籃的小粒珍珠，向遊客兜售，白白的小粒珍珠，也有粉紅色的，或串成項鍊，或串成一大把，一條五十元到百元人民幣不等，每個人喊的價錢不同，等到船來了，大夥要進入收票口上碼頭後，變成一條十元到二十元，降價還降得真快。在大陸觀光區買東西的狀況大多如此，因為官方沒有管，

■「海岸牌坊」始建於雍正九年（公元1731），當時是一座石坊，1919年安徽一位陳性良居士募款重建，改為鋼筋混泥土，規模雄偉。

憑商家喊價本事，反正都是外來遊客，走了以後也不知道何時才會再來，而外地人多覺得東西便宜，因此漫天喊價的情況也算是人性貪婪的本質吧！觀光客買東西最好先多聽多看，看中意的最後再下手，大概就不會有遺憾了。

短姑道頭

> 步頭小石亂縱橫，傳是凌波佛跡成；
> 爲有靈根生到底，不然海水亦何情。
> ——清・裴璉《短姑聖跡》

出了海岸牌坊的收票口，在道姑碼頭的堤岸邊，有一片小灘頭，灘上羅列著一堆岩石，其中一塊石上雋刻有「短姑古跡」字樣，左邊一石雋有「樂土」、右邊一石寫著「佛放光明，世外桃源」字樣等三石並列，在潮汐浪濤中若沉若浮，這裡舊時是個船埠，船到了道頭邊靠不了岸，還得靠小舢板擺渡至岸邊。光緒三十一年（公元1905），普陀山住持了余、蓮禪二僧因潮落潮漲，往來船隻靠岸不易，遂募資興建了一條道頭，在客運碼頭尚未興建之前，這裡是舊時上普陀山覽勝的登

短姑道頭當然也有來歷的。相傳有一對姑嫂發願到普陀山禮佛，船行到蓮花洋，剛泊在道頭，小姑因當天月事來潮，自愧不潔，不敢登岸拜觀音，就待在船上，請嫂嫂代為禮佛。嫂嫂短其無福朝聖，就自行登岸去了。小姑在船上等了許久，都不見嫂嫂回來。時至正午，肚子已餓，不禁暗自埋怨，想嫂嫂大概禮佛禮得虔誠，還是人多地方大，把時間給忘了。

此時海水已逐漸上漲，無法登岸解飢，正在此時，只見一位身著白色衫裙，村婦模樣的女子，手挽竹籃，邊向潮水中投下一些石塊，邊踩著這些石塊直向小姑的舟裡走來，對小姑說道：「姑娘餓了吧？妳嫂子叫我送飯來。」小姑吃著覺得香味美絕，連聲道謝。村婦說：「不必言謝，妳小小年紀能隨嫂嫂前來朝山，十分難得。」說罷即踏著石塊而去，裙襬都沾濕了，隱沒在綠樹黃牆之中。

即至午後太陽已漸西偏，嫂嫂在各處禮完佛，才想起小姑尚在舟中，忘了給她準備午餐，想必餓壞了，急忙買了吃食趕回岸邊，見到小姑說：「可餓壞妳了吧？這是岸上帶回來的小吃，妳趕緊吃了。」小姑忙說：「嫂子不是請人給我送過飯了嗎？味道可好著呢！」嫂嫂聽了甚感愕然，聽了小姑述說村婦送飯的經過，頓有所悟的奔回佛寺。

↓

岸口，入普陀山的第一個勝境，現在遊客雖不在這裡登岸，但往來洛迦山仍由這個碼頭出入。

由於石塊在一片已經近乎乾涸的灘上，灘上的水有點污濁，放眼看去整個景緻毫不起眼，不注意看石上的字跡，不會知道此處也是一個聖跡，若不經導遊解說，更不知道這個聖跡的來歷，如果稍加裝飾，讓遊客可以接近，並加上一個解說牌，應該可以讓這個景點更加彰顯吧！

■到洛迦島參訪需從普陀山島搭船，約半小時船程即可到。

洛迦聖境

踏到船上，這是屬於比較小型的渡船，大約可搭載五十人左右，甲板上視野寬闊，空氣清新。這段路程較短，船行蓮花洋，清風撲面而來，不像到普陀山時的浪大，大眾倒是心情愉快，望著南海觀音像漸去漸遠，航行了約莫半個鐘頭，就看到海面上一個小島，島成長條形，遠看像個睡觀音，頭部、肚皮、腳部都清晰可辨，有「海上臥佛」之稱。船慢慢靠岸，繩纜雖然綁住，但船身仍因浪頭不住撲岸而搖盪，下船須待船身碰岸的剎那往岸邊跳，兩名船家在一旁接住，許多女眾上岸後仍然心驚不已。

其中有一位八十餘歲的阿婆，也一樣從搖晃的渡船上被拋了下來，看她神情愉悅，興致昂揚。摸了摸胸口，不須旁人攙扶，開始一步步的跟著大家往上走去。昨天從上海搭船到普陀山時，剛下船，就看到她，有點暈船模樣，不過似乎不以為意，稍事休息一下，就能快步行走登岸了。

洛迦島傳為觀世音菩薩發跡、修行之聖地，明萬曆年間，已有僧人在洛迦山結茅清修。清末，

到圓通寶殿瞻望慈悲莊嚴的觀音聖像，長相不就如小姑所描述的村婦一般？再往下瞧去，只見菩薩的衣襬下端還有一大片濕漉漉的水漬，猛然醒悟到，果然是菩薩顯靈，有感於小姑的虔心，特地化身村婦前去送飯，於是跪在菩薩跟前叩頭不已。

後來這件事慢慢被傳揚開來，因為嫂嫂先前曾在埠頭逗笑小姑，短其無福，從此，她們泊舟的地方就被稱作「短姑道頭」，道頭旁自相零落的石塊，因為是觀音大士踩腳的地方，被稱作「短姑聖跡」。

■灘上羅列著一堆岩石，其中一塊石上雋刻有「短姑古跡」字樣，左邊一石雋有「樂土」、右邊一石寫著「佛放光明，世外桃源」字樣等三石並列。

■妙湛塔牌樓中門上
書有「同登覺岸」四字，背面則書「跳出苦海」，左右聯曰「洛迦入定故感天龍常擁護，梵音現身普令凡聖盡朝宗」。

山上有妙湛、圓通、自在、觀覺四座茅蓬，文革時被毀壞，一九八〇開始整修，普陀山佛教協會開始整修洛迦山，妙善大和尚提「洛迦名山」額，一九八九老和尚更規劃修建了土地祠、伽藍殿、圓通禪院、大悲殿、大覺禪院、圓覺塔、聞思亭等。

　　從西碼頭登岸，沿著一條石磴道，共有三公里長，名為「洛迦山香

道」，從西碼頭到大覺禪院，約有七百五十級階梯，間有蓮花石板。第一站即走入「入解脫門」的牌樓，牌樓後連接一小亭，稱爲「聞思亭」，觀世音菩薩的修行法門，即是從聞思修入三摩地，這個入三摩地就是解脫大定。因此大家看到入解脫門，無不歡喜進入此門，希望早日解脫，之後走到聞思亭小憩一番，再繼續拾級而上，經過兩側的寺庵。

沿路經過土地祠、彌勒殿、觀音塔、圓通寶殿、大悲殿、到大覺禪院，全山形同一座寺院規模。一路依山傍海，林蔭夾道，寺院塔影交相輝映，風光秀美，遠眺海面上一片白霧藹藹，有如海市蜃樓一般，煞有佛國仙境的意味。

妙湛塔

大眾拾級而上，先看到一座牌樓，寫有「洛迦名山」四字，爲妙善和尚所題，背面有「遍灑甘露」。香道中段有一座伽藍殿，內供伽藍菩薩，長相倒不是一般所見的關公像，而是文士書生像。再往前走，又見一石牌樓，中門上書有「同登覺

煮雲法師寫的「普陀山傳奇異聞錄」文中有述說觀音菩薩和五百羅漢的故事。話說觀音菩薩在普陀山上靜極思動，有一天登上佛頂山，遠望天台山國清寺風景優美，於是一個飛步踏過觀音跳，來到國清寺山門外，但見山明水秀，茂林修竹。國清寺裡五百阿羅漢三三兩兩站在門外，等待善男信女佈施，廣植福田，他們一見觀音菩薩衣履整潔，舉止莊嚴，都圍過去化緣，觀音菩薩慧眼知他們都是遊戲人間的羅漢，只笑而不應，國清寺方丈和尚畢竟修為不凡，知是大菩薩光臨，急忙前去合掌問訊：「不知菩薩打哪座名山來？」觀音大士說：「我乃普陀山的慈航觀音，今特來貴山一覽勝境。」眾羅漢一聽是觀音菩薩大駕光臨，一時都傻了眼。

觀音菩薩在天台山遊了幾天，心想也該對此山有點回報，一天他就對羅漢們說：「貴山雖有大寺名殿，但美中不足，如能見一座寶塔就更完美了。」其中一位羅漢說到：「本山沒有寶塔倒不打緊，最要緊的是千丈岩缺少一座橋，人來人往的總要繞個大圈子，我看不如先造橋再建塔。」觀音菩薩說：「橋雖重要，塔是供養佛，也不能少，不如我們分頭做，你們建塔我造橋。」眾羅漢高興得說好，菩薩說：「就這樣，我們各憑本事，限定一夜完成，如何？」羅漢們神通廣大，覺得不過小事一樁，就此說定了。

↓

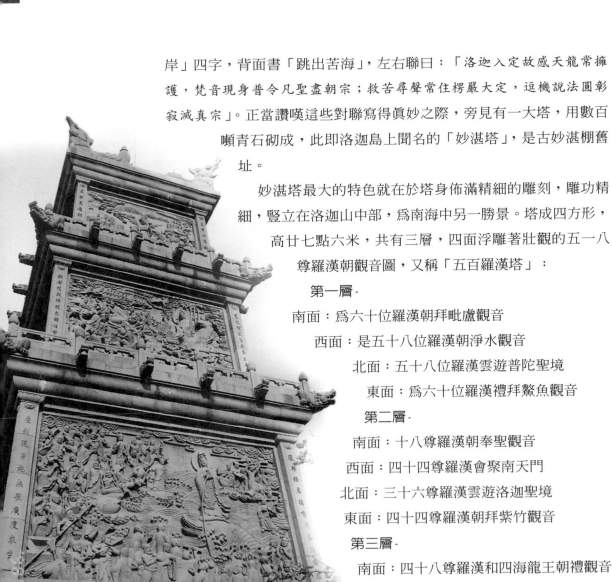

岸」四字，背面書「跳出苦海」，左右聯曰：「洛迦入定故感天龍常擁護，梵音現身普令凡聖盡朝宗；救苦尋聲常住楞嚴大定，逗機說法圓彰寂滅真宗」。正當讚嘆這些對聯寫得真妙之際，旁見有一大塔，用數百噸青石砌成，此即洛迦島上聞名的「妙湛塔」，是古妙湛棚舊址。

妙湛塔最大的特色就在於塔身佈滿精細的雕刻，雕功精細，豎立在洛迦山中部，為南海中另一勝景。塔成四方形，高廿七點六米，共有三層，四面浮雕著壯觀的五一八尊羅漢朝觀音圖，又稱「五百羅漢塔」：

第一層-

南面：為六十位羅漢朝拜毗盧觀音

西面：是五十八位羅漢朝淨水觀音

北面：五十八位羅漢雲遊普陀聖境

東面：為六十位羅漢禮拜鰲魚觀音

第二層-

南面：十八尊羅漢朝奉聖觀音

西面：四十四尊羅漢會聚南天門

北面：三十六尊羅漢雲遊洛迦聖境

東面：四十四尊羅漢朝拜紫竹觀音

第三層-

南面：四十八尊羅漢和四海龍王朝禮觀音

■全塔雕有形象生動的羅漢五百一十八尊，故又稱「五百羅漢塔」。

西面：三十二尊羅漢會聚西天聽菩薩說法
北面：三十六尊羅漢會聚梵音洞
東面：二十八尊羅漢朝禮如意觀音

形象生動的羅漢，衣飾神態各異，生動逼真。塔建於一九九○年，一九九三年落成，所有的青石都是從溫嶺海運而來，用人工搬運上山，塔身下座四角刻有四尊金剛力士扛頂著本塔，表情維妙維肖，周圍還雕有三○八尊護法神，各層石柱刻有楹聯，塔頂設一佛龕，內有漢白玉四面觀音頭像，四角雕有鳳首。妙湛塔四週有石砌成圍牆，城牆外有青石雕成的四大天王立像，門內兩

待夜半僧眾入大靜之後，羅漢們開始動工，搬磚運石，很快寶塔就建了一半高；差不多四更天時，觀音也開始動手，顯起神通妙法，只見他飛身而起，兩腳踏定千丈岩兩端，兩手往中間一合，兩端的砂石就連成一條長橋，天台山聞名的「石梁橋」就此完成。觀音菩薩再去看看羅漢們的進度，見還沒竣工，打算開他們個玩笑，就學起公雞報曉，羅漢一聽雞啼，以為時間到，就住了手，結果還差頂沒蓋上，這就是史上有名由五百羅漢所建的「通天塔」。

第二天，天台山的居民發現自家的煙囪的不翼而飛，經過地方政府的調查，發覺天台山國清寺多了一座寶塔，寶塔的磚頭並不整齊，有大有小、有新有舊，色澤不一，煞為奇觀。細看之下，才知道自家的煙囪磚頭被移到此處建成寶塔了，有感於羅漢的神通廣大，居民不但不以為意，此後天台山居民的屋頂上也不蓋煙囪，成為一個風俗。

羅漢朝拜觀音，一則讚嘆觀世音菩薩慈航普渡功德，二則意寓羅漢還應精進，迴小向大，朝登地菩薩的路邁進。今世間人多眼高手低，以為小乘行人器淺識短，多以大乘菩薩道為宗。以大乘為職志固然好，但若沒有小乘的修行基礎，容易滋長驕慢習氣，且動輒以渡眾生為名落入名聞利養之中而不自知，所以以小乘為修行自利的根本，以大乘為菩薩利他的悲願，兩相配合才是成就佛道的必經之路。

■妙湛塔對面黃牆有妙善方丈所題的「人天福田」四字。

側有浮雕天女，對面黃牆有妙善方丈所題的「人天福田」四字。

　　大眾各自拾級而上，由於山路階梯長，每個人的腳程和觀賞的景點不同，零零落落的拉成一條長龍，加上很多遊客和香客，有些人走得慢些。我因對羅漢有特殊的偏好，覺得和阿羅漢比較相契，也以他們作為修行的榜樣，所以三兩步腳程就抵達妙湛塔。天空不晴不雨，涼爽而不陰，看著羅漢的種種逼真造型，玩味在其中。

　　阿羅漢有三義：一是殺賊，意即殺掉煩惱賊；二是無生，歷經修行的四種過程：初果須陀恒、二果斯陀含、三果阿那含、四果阿羅漢，所以阿羅漢是指斷了見思二惑，證得無生無滅的槃槃果位；三是應供，因已證得道果，堪受人天供養。阿羅漢，又稱「聲聞眾」。所修的是釋迦牟尼佛悟道後，在鹿野苑為五比丘說的四聖諦法門，知「苦諦」生死，斷「集諦」煩惱，慕「滅諦」涅槃，修「道諦」法門。

　　佛陀聞之，悲此人間苦難，雖是果報，也是此五百大盜因緣成熟時，於是現身在五百大盜前放光，五百人立時眼睛復明，見佛光赫赫，無不

上師相應

　　朝聖主要就是加強我們的悲心願力，讓觀音菩薩持照我們，在這個生生世世當中能夠不棄捨我們，讓我們在度生成佛事業上，無障無礙，讓一切眾生真正認識到生命價值。

　　我們實在有很多的無明與業習，若能經常懺悔，我們的業障總是奈何不了我們的；如果我們經常堅持自己的習氣，煩惱業障，固執不化的話，那業障就會成為未來的一種果報，而沒有辦法再往菩薩道上精進。所以學習佛法最重要就是懺摩，能夠懺摩，我們的障礙就會消除，再來我們有一種度眾度人的心，來培養無上的資糧與福德。一切因緣俱足下，能夠成就無障無礙，常住不壞的正覺正念。

　　今天為什麼學佛？就是讓自性無礙，一切世間法無礙，在一切諸佛正念引導下，成就無上的覺悟。所以最大的緣起，就是增長悲心和上師相應。上師就是本尊、空行、護法，一心依止上師，讓自己一直成長到成佛，不退轉學佛，修行、弘法不要懈怠。

　　　　　　　　　　——一九九八、心道法師金秋於五百羅漢塔開示

跪地膜拜稱謝，皈依佛門。佛陀乃爲他們說四諦法，五百人精進修行，各個證得阿羅漢果，佛史上稱五百阿羅漢。

　　一般世間人對於羅漢的特質並不是很清楚，有些造像有點稀奇古怪，就以常見的十八羅漢而言，比較符合羅漢特質的應該是靜坐羅漢，沉靜而內觀，不理凡塵事，有些人常把羅漢塑造成玩世不恭、或酒醉狀、或襤褸狀、或瘸腿狀，這都不符合阿羅漢解脫煩惱相。

　　大眾有感於阿羅漢的修證功德，在宗濟師和宗德師的帶領下，在妙湛塔前點燈供養。大眾唱誦吉祥讚，在「晝吉祥，夜吉祥，晝夜六時皆吉祥」的音聲中，大眾繞塔點燈，也期盼能點亮自己心中的那盞明燈。此刻到妙湛塔前的遊客不多，梵唱聲在寂寥的塔前清淨嘹亮。

圓通禪院

　　再往上走是圓通禪院，爲明萬曆的圓通蓬所改建，爲洛迦山的主刹。民國初由比丘尼改建爲庵，寺院依山起勢，環境清幽，山門照壁上書有「南無觀世音菩薩」。圓通寶殿上供奉楊枝觀音立像，聯曰：「補怛說法常樂我淨十界依正皆圓攝，洛迦入定寂靜圓妙聖凡莊嚴即普門」，兩側是觀音三十二應身像。庭院中的大銅鼎香煙嫋繞，是仿天台國清寺大銅鼎製作而成，香煙繚繞，終年不絕，殿後有一口龍泉古井，清澈可飲，近處一座「仙橋」是兩壑間自然天成的石樑。

　　圓通禪院後有一口龍泉古井，又有一則傳奇故事可聽了：

■圓通禪院係於民國初年由比丘尼將原「圓通蓬」改建為庵，寺院依山就勢，環境清幽。

　　明萬曆年間，洛迦島上只有一座茅蓬，七、八個出家人住在其中修行。有一天，突然出現一條大蛇，寺中一位老實、沒沒無聞的香燈師想要去一探究竟，沒想到蛇看到他就對他稽首，晚上更鑽到香燈師房中，再也不出來了。香燈師爲了養這條巨蛇，飯量比平時增加了三倍，終於被當家師知道了。因時局不佳，海盜猖獗、宦官專政，人民生活越來越困苦，寺中最後決定將當家師連人帶蛇，以小船帶離洛迦島。結果船行到海中就突然不見了，這條大蛇後來就鑽到寺廟後面的井中，後人傳香燈師原是觀世音菩薩的應化身，那口井就稱爲「水晶宮」。

大悲殿．大覺禪院

　　再往上走去就是大悲殿，是舊時「自在蓬」改建的，殿內供奉千手千眼觀音菩薩，二邊塑八十四尊觀音像，門聯曰：「白雲伴洛迦聖境湧佛塔，紅日初升蓮花汪洋騰金波」。天井有一座兩頓重的大銅鼎，雋有妙善和尚所

■圓通寶殿上供奉楊枝觀音坐像，聯曰：「補怛說法常樂我淨十界依正皆圓攝；洛迦入定寂靜圓妙聖凡莊嚴即普門」

書「大悲殿萬年寶鼎」。往上去是由「觀覺蓬」改建的大覺禪院，把整座山看成是一座寺院的話，此處就是大雄寶殿了，主殿供奉三寶佛，山門兩側黃壁上書有「南無本師釋迦牟尼文佛」。

四十八大願塔‧‧圓覺塔

大悲殿下有一座圓覺塔，又名「四十八大願塔」，塔呈八角形，也是青石雕成，建於一九八七年，它的另外一個名字就叫靈骨塔。佔地面積是一百二十米，共有三層，高約十三米，第一層內藏普陀山耆宿靈骨，第二層刻有「妙善和尚自傳」、「塔銘」和「普陀洛迦庵修建總覽」，第三層南面雕有阿彌陀佛像、北面慧鍔大師像、其餘六面是禪宗初祖到六祖達摩、慧可、僧燦、道信、弘忍、慧能的雕像，入口處一放生池，池上一座小石橋「無礙橋」，橋上雕有精巧別緻的石獅、蓮花圖樣，爲出入的必經之橋。院西地面上有一個巨石木魚，重達一噸，佛陀說法常常「人不解，木魚解」，意思是木魚往往比人更能理解佛法。

一九八八年刻上的塔銘曰：「如來兩足尊，知法常無勝；緣會法自生，一切得成就。洛迦古聖境，大士所居處；始自慧鍔祖，建院不肯去。泊乎歇禪師，感化諸漁民；成清淨道場，興廢各有時。潮公中興後，經十年動亂；今復建靈塔，聖跡永留傳。」略述了普陀山的歷史梗概。

洛迦山的早晨是如此幽靜，鳥鳴聲聲，浪拍岸邊，潮水汨汨，果然是

■圓覺塔，又名「四十八大願塔」，塔呈八角形，也是青石雕成，建於一九八七年，它的另外一個名字就叫靈骨塔，在這麼環境清幽又古樸的地方安放靈骨，也是一大福報呢！
地面上有一個巨石木魚，重達一噸，佛陀說法常常「人不解，木魚解」，意思是木魚往往能比人更能理解佛法。

清修的好所在。洛迦山的夜景更是屠隆筆下的普陀十二景之一，他的
《洛迦燈火》流傳古今：

> 熒熒一點照迷津，光奪須彌日月輪；
>
> 萬劫零明應不滅，五燈傳後與何人？

蓮洋午渡

　　大眾走完洛迦島，再沿著原路拾階走下山，到渡頭跳上船，搭船離開
洛迦山，船行過蓮花洋，有關普陀洛迦的一切傳奇故事也隨海浪不斷蕩
漾開來，放眼所見就是知名的「蓮花洋」，源於日本僧人慧鍔欲迎觀音
像回國，海生鐵蓮花阻渡的傳說而得名。蓮花洋是登普陀山必經之航
路，有時趕上午潮，就能見到海面波濤微聳，狀似千萬朵蓮花隨風起
伏，令人心曠神怡。明朝陳朝輔曾留下：「慧日澄圓覺海中，白蓮香滿
獻花風。何人不道天香杳，已自樓船面面通。」屠隆把「蓮洋午渡」列
為普陀十二景之一，洋面仍有不同的風光。其詩云：「波上芙蓉盡著
花，香船蕩槳渡輕沙；珠林只在琉璃界，半壁紅光見海霞。」

　　船行半個時辰回到普陀山，已經是中午時分了。洛迦山雖然只是一個
小島，不過全山的的格局自成一個修行院落，各殿又各自獨立，很有特
色。如果不做觀光景點，只純粹做修行道場的話，真是一塊世外桃源。

琺瑯寺深深深藏於高山林區中，環繞幽藏著書，百步沙偏不分會偏在此處深入經藏。海潮音藏經樓會在澄晴藍昊船普陀會在普陀別處菩蕯。印順長老在至到別剎瑶前菩薩菩薩別菩薩。說至到別到別剎別菩薩菩薩。

佛頂頂佛。

PUTUO MOUNTAIN

Putuo Mountain

佛頂頂佛。

慧濟寺深藏於高山林屏中，
清幽絕倫，
適合清修，
其藏經閣曾有不少高僧在此深入經藏。
印順長老、煮雲法師都曾在此閱經，
該寺對於來此閱藏的僧人有特別優待。

佛頂頂佛

絕巔雲深處，登臨興倍雄；

水明天際碧，霜薄樹頭紅。

萬慮一身外，千山四望中；

天庵容我住，歸懶下山東。

──釋常譽《九日登菩薩頂》

　　下午稍事休息後，搭乘纜車登上佛頂山，纜車建於一九九八年三月，十二月完工營運，一車可搭載六人，從纜車下望，視野遼闊，一眼可以看到洋面，海拔高二九一點三公尺的山頂，幾分鐘就抵達了。

佛頂山

　　蓮花海洋全面碧波光明洞澈琉璃界

　　補怛洛迦彼山清淨雲霧獨秀佛頂峰

佛頂山也稱白華頂、菩薩頂，是普陀山之主山。山分支脈，分別向南、北、東伸延，主峰海拔近三百米，從遠處眺望，諸峰就像壘壘的杯瓢，覆於積水之上。佛頂山上雲霧繚繞，「華頂雲濤」是普陀十二景之一，也是普陀佛國景觀壯麗之神。或煙濤滾滾，遠近山峰在雲海中像一座座浮島，悠忽之間，卻又雲遮日晷，空水難辨；或一時四山之巔被雲霧阻塞，煙巒一抹；或四山突現，如幻來之海市蜃樓……。在秋季，白華頂又以另一新面貌呈現在人們面前，秋高氣爽，霧消雲散，視野極其廣闊。不論是山僧還是遊客，都難免被景緻所陶醉，彷彿置身縹緲仙境，除了上首釋常譽所讚的詩句外，歌詠華頂山的詩不計其數。

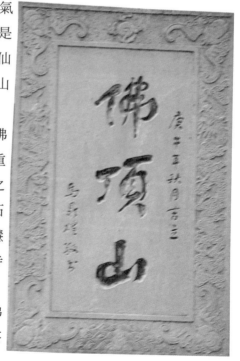

佛頂山景區的景點很多，有香雲亭庵、海天佛國崖、普陀鵝耳櫪、龜潭寒碧，當然慧濟寺是重點，它不僅位於山頂，同時也是普陀三大寺之一，俗稱佛頂山寺。由山麓至白華頂有二千餘石級，山腰有雲扶石，上刻「海天佛國」四字。慧濟寺即在白華頂下，與普濟寺（前寺）、法雨寺（後寺）並稱為普陀三大叢林。

「茶山夙霧」為普陀十二景之一，茶山位於佛頂山後，山勢空曠，中有溪澗，此處產茶茗，茶

■「慧濟禪寺」俗稱佛頂山寺，建於海拔二九一點三高的白華山頂，為普陀山地勢最高的寺院。慧濟寺的佈局大有「山窮水盡疑無路，柳暗花明又一村」，因為要走到普濟寺，夾路彎曲，幽深莫測。

山多霧，如絲似縷，據說日出觀看最美。古代普陀山上沒有居民，山中僧人自耕自食，茶山的茶久而久之也成為普陀山的特色之一，而稱做「雲霧佛茶」。山僧每於穀雨前來採摘，不但可以生津止渴還可以當藥用。山上的茶樹長得很高，每到春夏之交，茶花盛開，如一片珊瑚林。明朝丁鴻陽的詩就如此描述：「珊瑚幾樹旁蓮台，薄霧氤氳鎖不開；漫向定中覓色相，分明龍女獻珠來。」「雲霧佛茶」一因生長在雲霧之間，二因多為山僧所植所摘，因此茶山夙霧成為一景也是有其來由的。

慧濟寺

慧濟寺處於佛頂山中間谷地，俗稱佛頂山寺。該寺的佈局大有

「山窮水盡疑無路，柳暗花明又一村」之嘆，沿途夾路彎曲，幽深莫測，如果不搭纜車，還可以走一條千餘級的香雲路石階，走到佛頂山天燈台下的平坡，慧濟寺就在附近北坡中。

山頂綠樹夾道，板石拼接，七步一荷，引朝聖者入三摩地，匠心獨運。大眾跟隨導遊，還未見到寺院的影子，在入口處先看到一面長著青苔，鑴有「入三摩地」幾個大字的石壁，係一九八二年，慶華法師臨摹董其昌的字跡寫成的，沿石階而下又見一「佛」字，由釋戒忍所書，再沿著龍道往下又見「佛頂頂佛」四字，以及「同登彼岸」的一塊石碑。再前行終於見到一座大殿的琉璃瓦頂，此即有名的慧濟寺，由此進入山門。

慧濟寺一開始只是一座石亭，內供奉佛像，明代圓慧和尚在榛莽間，

■往佛頂山的路上，有一條石級鋪設的「香雲路」，共一千零八十八級台階，民間有「三步一拜」的風俗習慣，許多朝聖者從山下三步一拜登上山頂。

發現一塊刻有「慧濟禪林」四字的石頭，因此發願建廟，他劈石築庵，建成「慧濟庵」，當時的尙寶司丞（專門掌管寶璽、符牌、印章）沈泰宏爲之提名「寶月含空」。

在這普陀山全山最高的寺院中，我們發現大殿主供釋迦牟尼佛，左右兩脅侍是迦葉尊者和阿難尊者，與普陀山其他寺院均以「觀世音菩薩」爲主有顯著不同，象徵把教主釋迦牟尼佛放置於至高無上的地位，殿內盞盞明燈，香火不斷。大殿屋頂用天藍、淡綠、鵝黃、紫紅等彩色琉璃瓦蓋成，陽光照射下，形成佛光普照的奇幻景觀，楹

煮雲法師對於慧濟寺的來由，說了一個非常傳奇性的故事。

據說後山四大房頭之一的悅嶺庵有個小沙彌，一天走到山頂上攬勝，不意看到一方石碑刻有「慧濟禪林」四字，沉思良久，想必是前人曾在此處見過寺，乃發願要在此建一叢林，以供僧伽靜修。下山後和師父商量要在山頂上建寺的事，師父雖肯定他的志氣，卻不認爲這是一件可以輕易成就的事，所以並不認可他的想法。

小沙彌心意已定，第二天就拜別師父，離開普陀山到各地去化緣。投身茫茫人海中，白天到街道鬧市磕頭募化，晚上到山野古廟中棲身。有時受盡奚落訕笑，他還是一心以興建寺廟爲念，赤足露頂沿街跪拜了三年，嚐盡了人世的冷暖艱辛，卻一無所獲。

小沙彌勞碌了三年，引發不起別人的一絲善念，自嘆業障深重，恐無法完成心願，他痛苦已極。一天來到小河邊，望著流水，心中默禱：「如今只有仰仗菩薩的庇祐了。我今將手中的木魚放水漂流，如果菩薩有靈指引一個方向，木魚停在那裡，我就在那裡化緣。」於是他把木魚放入水中，並跟著木魚往下游跑去，到了一個地方，木魚不再往下流了，於是他撈起木魚，就在水邊林下安住，敲著木魚，口誦〈大悲咒〉。心想如果還不能感召護法相

↓

■香燭都是供佛的最佳表徵

■刻有華嚴經中諸佛海會的石雕，樸實可親。

聯曰：「教演三乘令九界眾生見本來面目，道備萬德俾大千佛子歸原有家鄉。」大殿兩廂是二十諸天，左右各十尊。

　　本寺佈局因山制宜，天王殿后，大雄寶殿、大悲殿、藏經樓、方丈室等列同一平行線，與左右廂房對稱，頗具浙東園林特色。寺外的天王殿，前有彌勒菩薩，後有韋陀菩薩，所謂「進門拜彌勒，出門拜韋陀」，殿兩旁有持國、廣目、增長、多聞四大天王，照壁上鑴有「南無觀世音菩薩」等字樣。過去三大寺中只有佛頂山沒有觀音殿，為了使普陀山的三大寺院都有觀音殿，一九八九年由普陀山佛教協會於藏經閣邊再建觀音殿，殿中供奉二點七米高的持蓮觀音，左右兩童子脅侍，楹聯

曰：「救苦尋聲磁吸鐵，現身說法月印池。」四壁鏤雕觀世音菩薩一二三尊，集唐宋元明清所有觀音造型，型態各異，為一珍貴宗教藝術蒐藏。壁畫後面還有妙善法師撰《精刻歷代名畫觀音寶相后記》：「中國民間，向有家家觀世音，戶戶阿彌陀的風俗，可見此一佛一菩薩與娑婆眾生因緣特深...」。

寺旁的石壁上有「別有天地」、「洞天福地」，和清朝湘軍將領彭玉麟「普渡眾生」等題刻，皆

應，也只好餓死河邊了此報身。如此過了三天三夜，連個人影也沒有打從此處經過。

卻說離此一里多遠處有個大戶人家，老夫人臥病在床，數年不起，無論如何醫治，病情就是沒有起色。一天她睡在床上忽聞遠處傳來木魚聲，頓時感到身心暢快，如此幾日屢試不爽，於是她派了兩個傭人尋聲去找敲木魚的人，果然看見一個小沙彌坐在河邊敲著木魚念著〈大悲咒〉。兩僕上前問說：「小師父會看病嗎？我們家老夫人生病多年，聽了您的木魚聲感覺舒坦，可能是菩薩指引，特地請您前去看病。」小沙彌說：「我是個出家人，不懂得看病。你們應該去請大夫才是。」僕人問說：「那小師父在河邊敲木魚做啥？」「我在此化緣蓋叢林。」「這兒荒郊野外的怎麼化緣，不如先到我們家看看老夫人去。若治好老夫人的病，化緣的事還不成問題。」小沙彌想想：也好，不如碰碰因緣去。

於是隨著兩僕來到老夫人家，說也奇怪，老夫人一見到他，病情就好轉。問他會不會看病，也不會，只會唸〈大悲咒〉。老夫人說：「聽了你的木魚聲，心中特別舒坦，那麼就唸〈大悲咒〉吧！」小沙彌就虔誠一心的唸起〈大悲咒〉，唸了一陣，老夫人覺得病都好了也似，可以下床了。不數日，在〈大悲咒〉的加持力下，老夫人痊癒了。當她知道小師父是從普陀山來

↓

■慧濟寺早期僅為一石屋,內奉佛像。明代圓慧禪師於樹叢間發現「慧濟禪林」之石刻,遂募化在此創立「慧濟庵」。

有可觀,慧濟寺也是傳承臨濟宗,經常舉辦禪七法會。

　好不容易才登上佛頂山山頂,感受一下讓心情豁然開朗的聖地景觀,爬山的腰酸背痛,也可以統統擱在一邊了。

開山故事

　清康熙年間,圓慧禪師的八世徒子普順重修庵院,後來就興廢無常。據載,乾隆五十八年(公元1793)禪宗臨濟派能積禪師偶然來到白華頂,只見斷垣殘壁間,僅剩一石亭供著一尊石雕阿彌陀佛像,面對廢棄的廟宇,感慨萬千,正躑躅間,忽見草堆裡露出一塊石碑,上前撥開一

看鑿刻著「慧濟禪林」四個字，知道這是一間舊寺院的廢墟，於是發願重建。

據說殿宇開工動土時，挖出一尊木雕僧人像，面目清癯，長相極似能積禪師，大家認爲這是前朝和尚宿願未了，化身能積再來建寺，於是弟子把木雕漆金，和能積的畫像一起供養。後能積外出化緣，「渡吳江，寄跡黎里，結茅乍川，行魚五載，備嚐艱辛，後得黎里善信，守住千金，從而樂輸者日益眾。」於是在該年開始建造慧濟寺，首建圓通、玉皇兩殿，又見鐘樓、大悲樓，聲名日隆。

慧濟寺歷代祖師

禪寺於嘉慶元年初開鐘板，掛單安眾。能積禪師唯恐寺院日常開銷過大，爲長遠計，在廟前和附近購置了田產，同時也爲寺院僧眾定下規矩，每日五堂功課，二粥二飯。能積於嘉慶六年圓寂，塔立於北天門，其弟子一泉和登泉兩僧，俱能恢弘宗風。登泉有徒頂順、頂超兩人，頂超於道光年間住持慧濟寺十一年，後被推爲普濟寺住

化緣，且發願興建叢林道場後，知道這一定是菩薩的指引，也發願要獨力完成小沙彌的願望。於是修書給她在京做官的兒子，找了工人搬運材木到普陀山上，因爲山高路遠，還靠山下的漁民幫忙，一人接一人的傳遞上山，此後漁民到佛頂山吃飯都不要錢呢！

天燈台

另一個傳說是，當年當家老和尚對於圓慧小沙彌的建寺志願頗不以爲然，曾對他說：「你能化緣建寺，我就願意到廚房去燒火煮飯三年。」後來，圓慧禪師募到木頭後，將木頭藉著海水欲運回普陀山時，正發愁如何將木頭運上山時，突然間起了大霧，罩住大海，圓慧心一急便帶著一堆乾柴一口氣爬上佛頂山，點燃一堆熊熊烈火，遠遠看去就像一盞大紅燈。這時在海上失去航向的漁民，就因這盞紅天燈，全部駛進普陀山港灣。後來圓慧的木頭在漁民的協助下通通順利地運到了佛頂山，一座深藏在翠綠山林中慧濟寺，就這麼建起來了。

寺院建成的那天，當家老和尚興沖沖地來到佛頂山，說一定要到廚房燒火三年，不管圓慧再三勸說，最後二人終於達成協議，圓慧下廚燒三把火，了了老和尚下廚「燒火三年」的心願。

後來圓慧還在慧濟寺旁建了一座小廟，每逢露天黑夜就點起「天燈」指引漁船進港，從此菩薩頂又稱天燈台了。

持，頂超的弟子信眞歷經道光、咸豐、同治三朝，住持慧濟寺二十一年，並於咸豐年間開慧濟寺傳戒先例，德高望重。光緒三十三年（公元1907），德化禪師請得御賜大藏經在寺中珍藏，他於當年圓寂，弟子文質禪師掌法，大工修茸慧濟寺，一切規制和普濟寺、法雨寺相同，此後慧濟寺聲名遠震，從此與二大寺三足鼎立，成爲普陀山上第三巨刹。

郭沫若與扶雲石

香雲路半途有一座「香雲亭」，過了香雲亭就可以看到「雲扶石」，顧名思義就是有如雲朵凌空扶持著三塊巨石，各自取得和諧的平衡，令人讚嘆造物之鬼斧神工。

一九六二年秋，著名學者郭沫若到普陀山訪問，一行人遊覽了普濟

寺和法雨寺，參觀了九龍殿，又提出要上佛頂山，大家覺得佛頂山山高嶺陡，擔心七旬高齡的郭老上不了依山而築的千層石級，便借來一頂轎子，想抬他上山。郭老一看，連連搖手說，「不行，不行，我能上就上，不能上就作罷。」他邊走邊打趣道：「有人說，不上佛頂山，等於沒到普陀山。你們欺我年老，我偏不服，要不然，大家來比一比，誰輸了，罰詩一首！」

郭老一時興起，借用杜甫名篇，吟起「萬牛回首丘山重，鯨魚破浪滄溟開」的詩句來，讚美普陀景色。郭老以詩助興，忘卻疲勞，踏著千層石級，一級一級地往上攀登。在侯繼高書寫的「海天佛國」四字下面，他興致勃勃地告訴大家，侯繼高能文善武，他的書法有獨到之處，很值得學習。眼看快到石級盡頭了，郭老突然剎住話題，快步上山，想來個捷足先登。不料被人察覺，大家紛紛奪路先行，把郭老拋在後面。等郭老上佛頂山，大家圍了上來，要罰他做詩。

郭老申辯道：「我有言在先，上不了佛頂山，願罰，現在我不是已經上來了嗎？」

可是眾人不同意，都說他是最後一個上山頂的，就該罰。他猛地看見一塊石碑上書有「佛頂山」三字，得到啟發，便笑呵呵地說：「我這裡有句上聯，誰能對出下聯，我願受罰；要是對不出來，你們該罰！」說罷，他出了上聯：

佛頂山頂佛

　　大家一聽，琢磨一下以後，覺得這聯難對，因為這對聯順讀、倒讀都要一樣。大家你看看我，我看看你，一時想不出下聯。

　　郭老的秘書對了下聯：

　　天一閣一天

　　眾人齊稱對得好，可是郭老卻搖搖頭，不以為然地說：「不對，不對，這「一天」怎能對「頂佛」呢？再說，天一閣遠在寧波，佛頂山在普陀，應該對普陀山的景物才切題嘛！」正當大家苦思之際，一位姓郭的先生對了下聯：

　　雲扶石扶雲

　　郭老頻頻點頭，問道：「雲扶石在哪裡？」

　　姓郭的先生說：「侯繼高題字「海天佛國」的上方，有兩塊石頭，欲墜而不墜，那就是雲扶石。」

　　郭老稱讚說：「哦！對得好！」

　　郭老興高采烈地拿起毛筆，寫道：

　　大海有真能容之度

　　明月以不常滿為心

侯繼高提「海天佛國」壁字

　　普陀山又稱「海天佛國」，在佛頂山香雲路旁，有一塊傾斜欲墜的大石，大石上面刻著「海天佛國」四字，這四字寫得雄偉有力，是來自明

朝抗倭寇英雄侯繼高的手跡。

侯繼高篤信佛教，又能文能武，在萬曆年間，侯繼高帶兵到舟山進剿倭寇，打得倭寇落荒而逃，逃到孤島浪崗山上，這座孤島遠離大陸，又有巨浪和暗礁保護，有好幾次侯繼高領兵進剿，都因倭寇逃到浪崗山而無法將之剿滅。

某夜，侯繼高在觀音菩薩的佛像前靜坐，並思索著對付倭寇的辦法，突然間，一陣清香從佛像飄下來，侯繼高張眼一看，發覺觀音佛像逐漸變大，而且兩眼微微睜開，口中說道：「天時、地利、人和！天時、地利、人和！」侯繼高一聽，興奮地叫起來：「好一個天時、地利、人和！」可是轉眼觀音菩薩的佛像就消失不見了。這時正好天剛亮，侯繼高啟程到枸杞島，在島山觀察地理環境時，侯繼高突然心生一條妙計，於是趕緊回去安排進剿倭寇的計畫。

　　幾天之後，有四艘漁船在浪崗山附近的海域捕魚，倭寇的首領看到漁船，便大叫捉漁船，接下來十幾艘倭寇船從浪崗山衝出來，企圖圍捕漁船，漁民急忙砍斷漁網就逃，倭寇緊追不捨，當追到枸杞島時，四方響起一連串的螺號聲，四艘漁船突然調頭直衝倭寇船，漁船上的人拿起武器，準備攻擊，岸上的人民和士兵也乘船出擊，倭寇被嚇得四處逃竄，企圖逃回浪崗山。可是倭寇們不知道侯繼高趁他們追捕漁船時，已經帶一隊熟水性的南方士兵攻下了浪崗山。這時候，剛踏上浪崗山的倭寇首領被一隻突如其來的利箭穿過咽喉，原來是侯繼高射出的利箭，倭寇們看到其首領身亡，都被嚇得不知所措。在一陣慌亂之際，侯繼高的部隊全數衝出，消滅了所有的倭寇。

　　侯繼高打敗倭寇後，興高采烈地來到普陀山，他親自主持編寫了《補陀山志》，並且在此修廟塑佛，以表他對觀世音菩薩的虔敬。侯繼高在遊歷普陀山時，有感於海天相映的美景，於是揮毫寫下「海天佛國」四字，並請人鐫刻在大石上。從此之後，「海天佛國」也就是普陀山的代名詞。

閉關閱藏的極佳地點

　　慧濟寺深藏於高山林屏中，清幽絕倫，適合清修，其藏經閣曾有不少高僧在此深入經藏。印順長老曾在此處閱藏數年，為他的佛學素養奠定基礎，後來能夠完成《妙雲集》，有系統的介紹佛法以及他個人的見解。煮雲法師在民國三十六年，也曾在此閱經，把他經歷寫成《慧濟寺閱藏記》一文，該寺對於來此閱藏的僧人有特別優待，煮雲法師原本發願閱藏三年，後來一因常住齋糧不夠，二因普濟寺開講《法華經》，就到前寺客堂討單聽經，也因此離開佛頂山。

普陀小百科

普陀三寶／普陀鵝耳櫪樹

　　慧濟寺後門西側有一棵樹，樹齡有二百年，樹枝駢出雙分，並作九十度轉向，即有規律，樹高十二點四公尺，這就是普陀三寶之一的「普陀鵝耳櫪」。它是在民國十九年，著名的植物學家鍾光觀，至普陀山進行植物調查時所發現，經鄭萬均教授鑑定，這是普陀山上特殊的樹種，定名為「普陀鵝耳櫪」，被列為國家保護樹種，此後即揚名天下，凡到普陀山上一遊者，必親臨瞻仰一番。

　　該樹看來樸實無華，棕色的枝條也與他樹無異，樹葉成橢圓狀，頂端漸尖，葉面、背長著細柔毛。該樹屬雌雄同株，每年五月開花，十月結果。相傳該樹是一名緬甸僧人來普陀朝山時引進，因繁殖率甚低，且原產地也已經絕種，為世所稀有。為免此樹絕跡，大陸植物學家已經心研究培育出一批小樹苗，將來普陀鵝耳櫪應該不只一株，而是子孫滿堂了。

大眾瞻仰的九龍蟠柱。

一邊是數不盡的善男信女，一邊是慈悲得幾乎永遠低眉的觀音像。

因為此處不著相，香火鼎盛，連眼睛都不曾張望一眼。

儘管由善生慧，建寺多有靈應的傳說故事，卻未見證自身的見劫父母、師長、冤親債主。

心的回皈，祖孫相疊的觀音。

天花法雨。

天花法雨。

大眾瞻仰著九龍蟠柱，
一邊看一邊數，
因為此處不准拍照，
不由得多望幾眼。
看著這麼莊嚴碩高的觀音像，
也不由得一拜再拜，
除了求自身平安，
也迴向家人、歷劫父母、師長、冤親債主，
想想又磕了幾個響頭。

天花法雨

漫說當時一寺紅，凌雲樓閣兩相同。

九龍殿已偕山老，五鳳門猶對海雄。

佛古尚能施法雨，僧勤竟少出家風。

廊回檻繞疑無路，只聽鐘聲打半空。

——金士奎《詠法雨寺》

九龍壁

　　法雨寺就位於佛頂山腳，所以一座殿比一座殿高...

　　大眾轉至法雨寺，該寺俗稱後寺，呼應普濟前寺，為全山第二大寺，座落在白華頂左方，千步沙北端西側的光熙峰下。進得山門後古木參天，院中花木簇擁著左右兩座青石經幢，接著看見一面歷史悠久的素色「九龍壁」，此壁不同於故宮、北海、大同三處的陶制琉璃彩色九龍壁，這兒的九龍壁是由六十塊青石拼接而成，嵌鑲細緻，不露縫隙，九龍神

■法雨寺俗稱後寺，係呼應普濟前寺而言，為全山第二大寺。在明代本叫「護國鎮海禪寺」，後來清康熙御賜一塊「天花法雨」匾額，即定名為「法雨寺」。

■天王殿前銅製寶
塔造型典雅，古色
古香。

態各異，昂首舞爪，騰飛奪珠，栩栩如生，有如一整塊大石牆面雕刻而成，全壁高兩米，長十二米，下盤為清式須彌座，頂端飾有飛檐翹角，檐上雕有造型各異的小龍十七條。此壁在普陀山上為法雨寺所獨有，是浙江溫嶺長嶼鎮的民間藝人梁宗濤仿北京九龍壁刻製而成。

九龍壁旁左右分別是黃底黑字的「南無觀世音菩薩」和「南無阿彌陀佛」。隔著天井的金爐望去，古木扶疏中可見重重琉璃頂，黃牆上從中門左右各書寫兩字，合看正是行書體的「法雨禪寺」四字。

九龍寶殿

法雨寺俗稱為普陀山後寺，普濟寺為前寺。佔地三萬三千多平方米，建築面積約一萬四千平方米，共有五進殿，通過九龍壁進入天王殿，接著是玉佛殿，供奉釋迦牟尼佛，第三進是圓通寶殿，第四進是千手千眼觀音殿，第五進是大雄寶殿。其中最有名的當屬圓通寶殿，又稱「九龍觀音殿」。該殿是乾隆三十八年，朝廷從金陵（今南京）將明朝故宮「九龍殿」遷建到此，因為傳說明太祖朱元璋曾在九龍殿登基過，別具歷史價值，是普陀山鎮山三寶之一。全殿用柱四十八根，採用包鑲工

■九龍壁是由六十塊青石拼接而成，嵌鑲細緻，不露縫隙，九龍神態各異，昂首舞爪，騰飛奪珠，栩栩如生。

藝，柱礎均透雕蟠龍，重檐琉璃頂，上檐有九踩斗拱，下檐五踩斗拱，內槽九龍藻井，其中一龍蟠頂，八龍環繞八柱而下，昂首舞爪，頂端穹隆正中懸一大珠球，翻騰起舞，栩栩如生，名曰九龍衝頂。九龍之下供奉著一尊高六點六公尺的毗盧觀音坐像，兩旁是大悲幢幡自頂垂下，兩側是十八羅漢，後壁為海島觀音及善財童子五十三參群像。

九龍寶殿典雅古樸，毗盧觀音神態自在，香火鼎盛，在裡頭很多信眾有很強烈的感應，大眾瞻仰著九龍蟠柱，一邊看一邊數，因為此處不准拍照，不由得多望幾眼。看著這麼莊嚴碩高的觀音像，也不由得一拜再拜，除了求自身平安，也迴向家人、歷劫父母、師長、冤親債主，想想又磕了幾個響頭。

當我在此處沉思瞻仰觀音的慈容時，背包中的手機響起，那是台北一位友人打來的，他也是虔誠的佛教徒，平常就與觀音菩薩甚有緣，也持誦〈大悲咒〉，知道我人就在普陀山法雨寺九龍寶殿的觀音菩薩面前，「哇！」的一聲又驚又喜的叫了出來，對於我能到普陀聖地既羨慕又讚嘆，要我替他在菩薩前磕三個響頭，我想這就是感應道交吧！心誠則靈，一點都不假。

九龍殿前月台，有二十四塊青石欄板，浮雕二十四孝圖，構圖完整，線條流暢。除了建築之外，法雨寺的古木也是有名的景點，從九龍壁進入天王殿前有一方天井，裡頭植有六株香樟，樹齡都有百年以上，寺內的龍鳳柏、連理羅漢松、古銀杏，都是古來詩人吟誦的對象。走出九龍殿，坐在古香樟旁，望著天邊的雲彩，心中覺得踏實，普陀山果然是觀音道場，一種被灌頂的感覺，頓覺渾身自在舒坦。

■普陀山上以香樟最有名，普濟寺和法雨寺中皆有上百年的香樟。

大智真融開山

法雨寺的開山祖師是大智真融，十五歲在家鄉定慧寺出家，曾經至牛首山、萬壽山、五臺山、伏牛山修學，三十七歲至峨嵋山，曾禁步十二年，明萬曆八年（公元1580），時年六十一，渡東海至普陀山，在寶陀寺住了下來。

由於他一心想離群清修，要選擇在潮音洞還是梵音洞舉棋不定，一天他來到光熙峰下，看泉石幽勝，面千步沙的方向，於是向觀音菩薩祈示。當晚，正靜修時，見海潮衝來一枝大竹根，心想大根不就是香火的

■萬曆二十二年，郡守吳安國將海潮庵改名為「海潮寺」，掛額四年後，萬曆廿六年毀於大火。次年，朝廷欽賜龍藏，萬曆三十一年，皇上賜名「鎮海寺」，同時又賜藏經，三十四年御賜改名「護國鎮海禪寺」。這兩部朝廷頒賜的藏經，連同普濟寺的兩部和慧濟寺的一部，共有五部，一般寺院能夠得到御賜藏經是十分難得之事，都拿來當做鎮寺之寶，這就是著名的「五部龍藏鎮普陀」的典故。（右二圖）寺院為「重檐歇山式」建築，翹角凌空，琉璃屋瓦，每一條龍的造型均不同，別具趣味。

根本嗎？這一定是菩薩的昭示了，於是在此處結蓬，日日聽聞潮浪聲，將茅蓬取名為「海潮庵」。萬曆二十年（公元1592）圓寂，辭世前說，寺將毀於火，一百年後我將來重建。

寺廟香火漸盛，明萬曆二十二年，郡守吳安國將海潮庵改名為「海潮寺」，掛額四年後，萬曆廿六年毀於大火。次年，朝廷欽賜龍藏，萬曆三十一年，皇上賜名「鎮海寺」，同時又賜藏經，三十四年御賜改名「護國鎮海禪寺」。這兩部朝廷頒賜的藏經，連同普濟寺的兩部和慧濟寺的一部，共有五部，一般寺院能夠得到御賜藏經是十分難得之事，都拿來當做鎮寺之寶，這就是著名的「五部龍藏鎮普陀」的典故。

順治初年，海寇阮俊和日本僧人，曾強取前寺萬曆四十九年御賜的大藏經，任憑寺僧如何說破嘴皮，就是要帶走。舟行外海忽遇大魚擋道，前進不得，如此數日，只好折返，知是菩薩旨意不敢違逆，普陀山僧喜出望外，趕緊迎回龍藏，安置於藏經閣中，這就是有名的「鰲魚護藏經」的掌故。

別庵性統禪師

清康熙廿六年（公元1687），別庵性統禪師住持海潮寺，在偶然中發現大智眞融禪師的塔銘，算算他接寺三年時，離眞融圓寂正好一百年，可以說是眞融禪師乘願再來。除重建海潮寺外，還改律宗爲禪宗；廿八年與普濟寺住持一起上京領取朝廷賜帑，三十二年興建大雄寶殿；三十八年（公元1699）康熙南巡駐蹕杭州，性統特往迎駕，皇帝特於召見，回朝後朝廷發給金陵城內琉璃瓦十二萬，改建前、後寺大殿，九龍殿就是御賜從朱元璋的舊殿堂拆下，然後在法雨寺重建的。

同年朝廷又賜帑，並頒下「天花法雨」、「法雨禪寺」兩額，法雨禪寺也因此定名，由於康熙皇帝和性統禪師，建立了亦君臣亦師友的關係，而

■中國大陸古時寺廟全盛時，僧人人數多達千人，幾乎每個大寺廟都備有「千僧鍋」，齋廚爐火終日不熄，烹煮齋菜飯，比大同電子鍋還好用哦！圖為寧波天童寺目前還保有的「千僧鍋」。

■九龍殿內部天頂精細雕有九龍蟠頂。

得到朝廷的優渥待遇，四十三年康熙帝御制一法雨寺碑，刻有碑文。到了雍正朝，恩賜一如往常，也曾頒賜一方「雍正御制普陀法雨寺碑」，刻有碑文。其後歷經法澤明智禪師、立山滿圓禪師、化聞福悟禪師，法雨寺雖久經兵荒，卻還道風日盛，法德遠揚。

別庵性統亦是一位得道禪師，機鋒活潑。康熙頒賜《金剛經》時，他上堂說：「過去心不可得、現在心不可得、未來心不可得」，雖是皆不可得，但把經舉起來說：

「這法王大寶，卻在佛心天子，筆尖頭上，放光動地，普照三千大千世界；象教因之崇隆，正脈從此流通。

天人群生類，咸承此恩

力。」

頌曰：

「心宗般若著金經，黃卷何妨御汗侵；

一滴九重恩降也，從教千古鎮山林。」

有一次，在東西兩堂的解七小參上說法語：
「東邊東閣，西邊西閣，只有心中樹子，未曾輕易
動著。」著拄杖云：「拄杖子，爲諸人宣說了
也，還有當機荐取者麼？」乃云：

「東邊有，西邊有，緊捏拳，長伸手。放開一線
卻如何？

短姑道頭一代石砌，起自大梁貞明二年，

前十丈，後十丈，總計一千零二十尺。

在山一半，在水一半。」

他還有一首膾炙人口的詩《繡觀音像贊》：

「用手把針，以針引線，誰爲爲此，繡成背面。

紫竹林中，潮音岸畔，呼彼善財，鸚鵡隨現。

手中童子送將來，珍重老婆一片心。」

印光大師與弘一大師

很久以前法雨寺還只是一個小庵，叫做
「海潮庵」，海潮庵的第一代祖師--大智法
師精心鑄造了一口七千多斤重的青銅大
鐘，掛在鐘樓上，每日早晚二次鳴鐘，聲
音清脆宏亮，餘音終日不絕。

後來一群紅毛海盜侵入普陀山，到處搶
掠，幾十個大漢，連這口銅鐘都抱走了。
回到紅毛國，又花了九牛二虎之力要將銅
鐘抬進城去，但奇怪的是，到了城門口，
這口鐘卻不知爲何的開始一直往地面陷下
去，這件事連國王都驚動了，不惜出動大
批人力挖鐘，可是不但挖不出來，還越挖
越陷越深。

一晃過了十多年，有一天，陷鐘的地方
突然響起鐘聲，而且日夜響個不停，嚇得
大家心驚肉跳，新國王坐立不安，下令挖
鐘。大鐘終於挖了出來，上頭還清晰可見
「南海普陀海潮庵」幾個大字。新國王請來
十幾個神父，日夜輪流禱告，但宏亮的鐘
聲卻停不下來。有個福建商人得悉此事，
便向新國王說願負責將鐘送回普陀山，說
著便在鐘前磕了三個響頭，說也奇怪，鐘
聲就停止了，大家一起合力將鐘送回普陀
山，而海潮庵聽說神鐘找了了，也開始建
造新鐘樓。

大鐘回到普陀山後，到的那天，正好是
新鐘樓竣工的那天，庵裡的和尚你拉我抬
的，重新把鐘掛到鐘樓上，海潮庵的鐘便
又響起來了。（剪輯自「普陀山傳說」一
書）

淨土宗第十三世祖印光大師，曾在法雨寺靜修過，光緒十九年，住持化聞和尚入都城請藏經，印光隨行，後應化聞之邀來到法雨寺，在住下之後足不出戶，閉門清修，一住就是三十七個寒暑。他晚年自號「常慚愧飯粥僧」，以宏揚淨土爲職志，一心專志以念佛往生西方爲修行法門，著有《淨土決疑論》，後人將其開示及著述輯成《印光法師文鈔》行世，人推崇他爲淨土宗第十三代祖師，清末民初，弘一大師一心皈依印光後，還以弟子名義，在法雨寺事師七日，從此弘一把印老奉爲師尊，並將印老中興淨土的大願傳承下來，使淨土法門長盛不衰。今法雨寺大雄寶殿旁有印光法師紀念堂，供信徒和遊人瞻禮。

台灣淨土宗的風行，也是源於印光大師的法教，像妙蓮法師、淨空法師弘揚淨宗，居士如夏蓮居、黃智海、李炳南的推崇蓮宗，都一致以印光法師爲導師，台灣各地也可見《印光法師文鈔精華錄》印行。民國二十五年他曾經應邀至上海主持護國息災法會，法會的法語被編印成書，在序中他自述道：

「印光乃西秦百無一能之粥飯庸僧，宿業深重，致遭天譴，生甫六月，遂即病目，經一百八

心好命又好　富貴直到老
心好命不好　禍轉爲福報
命好心不好　禍轉爲福報
俱不好遭殃　且貧夭
心可挽乎命　最要存仁道
命實造於心　吉凶惟人召
信命不修心　陰陽恐虛矯
修心一聽命　天地自相保
此詩於心命　二義發揮周到
果能依之行　則命自我作
福自我求造　化之權不歸於天地鬼神矣

再錄其勉之
釋印光書

十日，目未一開，除食息外，晝夜常哭，承宿善力，好而猶能見天，亦大幸矣。及成童讀書，又陷入程朱韓歐闢佛之漩渦中，從茲日以闢佛爲志事，而業相又現，疾病纏綿。深思力究，方知其非，於二十一歲出家爲僧。以見僧有不如法者，發願不住持寺廟，不收徒，不化緣，不與人結社。五十餘年，不改初志，近在吳門作活埋觀。九月初，中國佛教會理事長圓瑛法師、菩提學會領袖屈文六居士等，以光年老，或有心得，而不知其只能吃粥吃飯，請於啓建護國息災法會時，來滬演說，固辭不獲，只好將錯就錯。」這段文字可以看出一個修行人如何潔身自愧、謙虛自持。

印光法師在寫給一位居士的勉勵信中引一詩談到心命二義，頗有參考價值，內容是這樣寫的：「心好命又好，富貴直到老；命好心不好，福變爲禍兆；心好命不好，禍轉爲福報；心命俱不好，遭殃且貧夭。心可挽乎命，最要存仁道，命實造於心，吉凶惟人召。信命不修心，陰陽恐虛矯，修心一聽命，天地自相保。」他並於詩後加註說到：「此詩於心命二義發揮周到，果能依之行，則命自我作，福自我求，造化之權不歸於天地鬼神矣！」

梵音洞

從法雨寺經飛沙橋，過祥慧庵，就到了普陀山最東部的青鼓壘山，此山的東南端有一個天然洞窟，洞若斧劈，高有百米，峭壁危峻，兩邊的

■梵音洞庵供奉鰲魚觀音立像，菩薩手持淨瓶，腳踏鰲魚。傳說鰲魚一旦發怒轉身就會發生地震、海嘯，發生大災難，觀世音菩薩降服了鰲魚，就象徵帶來了平安。

■看出來了嗎？
觀世音菩薩就在
洞中。

懸崖構成一門，稱為梵音洞，據傳為觀音大士示現之處，是普陀山上著名的海邊二洞之一（一為潮音洞、一為梵音洞），兩洞各具特色，合稱為「兩洞潮音」。

梵音洞上方有一個梵音洞庵，本為法雨寺住持寂住所建退休之處。建於明崇禎二年（公元1629），清康熙、雍正、嘉慶、同治年間連續四次重修，之後就長久失修，一九五○年幾近坍塌，現有的庵院是一九七九後重建。大殿供奉鰲魚觀音立像，菩薩手持淨瓶，腳踏鰲魚。傳說鰲魚一旦發怒轉身就會發生地震、海嘯，發生大災難，觀世音菩薩降伏了鰲魚，就象徵帶來了平安。

從梵音洞庵到瞻聖閣有數十米，此處原有一天然石台連接兩崖，到此朝聖可登石台面洞，念〈大悲咒〉或禮佛求現。法雨寺住持性統和尚，在石台上建兩屋樓閣與洞口正面相對，供遊人瞻仰聖跡。據說站在樓閣中向洞口凝視，有時可見觀音菩薩法像幻現，所以稱為「瞻聖閣」，閣樓上層供奉大士聖像，下層供遊人禮佛朝拜。性統大師在《梵音洞建閣記》云：「閣高二丈三尺，洞口向南，閣門對西北。當夫皓月虛懸，水光蕩漾，大士之顏如玉也...」。

■據說觀音在此洞，會隨個人願力而示現出各種形像，有人見到白衣觀音、有人見到送子觀音、有人見到則是千手千眼觀音，大眾齊聚梵音洞前，看看是否可見觀音菩薩示現。

千步金沙

黃如金削軟如苔，曾步空王寶筏來；

九品池中鋪作地，只疑赤腳踏蓮台。

——屠隆《千步金沙讚》

在普陀山東部海岸，南起幾寶領，東北至望海亭，鄰法雨寺，有一條長一千兩百餘公尺的海岸，沙色如金，乾淨鬆軟，這就是普陀山最有名的千步金沙海岸。浪潮晝夜拍岸，來如飛瀑，止如曳練，每遇大風則如雷轟雪湧，眩目震耳，海面浩翰，水天一色。千步金沙不僅白天景色怡人，夜晚清風徐徐，濤聲淅淅，漫步其間，也是別有一番情趣。

煮雲法師初到普陀山時，睡在後寺上客堂裡，當夜深人靜的時候，聽到千步沙的潮聲如雷，似萬馬奔騰，比歐陽修的《秋聲賦》所述要大上幾萬倍，鬧得大半夜睡不著覺，第二天問過山上的人才知是海潮聲，這才領悟到《法華經》〈普門品〉所說：「梵音海潮音，勝彼世間音」的不繆。

千步沙的浪還有一個特色，就是不會隨風而

■梵音洞上方有一個梵音洞庵，本為法雨寺住持寂住所建退休之處。建於明崇禎二年（一六二九），清康熙、雍正、嘉慶、同治年間連續四次重修，之後就長久失修，一九五〇年幾近坍塌，現有的庵院是一九七九後重建。

123　海天佛國

轉，不管吹的是東南西北風，浪潮總是一波波的撲向一邊的岸上，有人說這是「潮拜浪」，無情的潮水也知道禮拜觀音菩薩，這點倒是頗符合修行法義。一般常說修行要修到心不隨境轉，有所謂「竹影掃階塵不動，月印潭底水無痕」的境界之外，心還要能轉外境。千步沙的浪都能不隨風吹拂，還一心一意的要朝禮觀音，莫非也是因為在此修行嗎？

　　走在千步沙的海灘上，如踏在如茵綠草上，細細柔柔，不霑不陷；聽浪濤聲聲入耳，頗能體悟觀音菩薩以音聲入道的殊勝法義。

■鄰法雨寺，有一條長一千兩百餘公尺的海岸，沙色如金，乾淨鬆軟，這就是普陀山最有名的千步金沙海岸。

楊枝觀音碑

普陀山的「鎮山三寶」，指的是：元代古建築多寶塔、明萬曆年間雕刻的楊枝觀音碑，和清初從南京拆遷來的明故宮九龍殿，後二都位於法雨寺。

在法雨寺西南處清涼崗下，有一間寺院名楊枝庵，此庵為明朝萬曆年間寧紹參將劉炳文所建，寺成後請來法雨寺僧人‥如光和尚住持，庵中藏有普陀三寶之一的楊枝觀音碑。

萬曆十六年（公元1588）抗倭名將侯繼高，將唐朝名畫家閻本立所繪的楊枝觀音像，勒碑立於寶陀觀音寺內，之後毀於兵火。萬曆三十六年（公元1608），劉炳文在建庵時，找到侯繼高的刻碑拓本，遂請名匠重新勒刻供奉在庵中，取名為「楊枝庵」。閻本立是唐朝著名畫家，今兩岸故宮仍藏有他的畫作，但他的佛像畫甚少，傳世者亦僅此一幅而已。

碑高二點五公尺，寬一點二公尺，中間刻的正是閻本立所繪觀音立像，觀音造像有點唐朝仕女的豐腴高雅，但珠冠錦袍，天衣飄披，瓔珞嚴飾，不失端莊慈祥，右手持楊枝，左手托淨瓶，跣足立於兩朵蓮花上，頗有大士聞聲救苦之風。上刻碑文「普陀佛像，摹自閻公，一時妙墨，百代欽崇。」右鐫「唐閻立本書」，左刻「明定海備倭梁文、台州庠生劉聚福同勒」，下署「武林孫良鐫」。杭州人孫良，為當代石刻名匠，採陽雕陰刻，手法細緻，觀音神態和衣飾質感，都保持原作，線條流暢，是不可多得的珍品。經過將近千年興衰，文革期間全山一萬七千多佛像文物被毀，此碑仍完好無損，不僅被列為保護文物，同時也列名普陀三寶之一。

普陀山上有些寺院將此楊枝觀音像拓印在布上，加蓋金印、龍印、玉印，分贈十方信眾，拿回去當紀念，裱裝起來或供奉或當藝術品懸掛廳堂，甚受喜愛。

吳道子觀音像

　　吳道子（公元658-758）是唐朝人物畫的傑出代表，擅長道釋人物，亦工花鳥，師法張僧繇，筆跡磊落，勢狀雄俊。所作人物，衣帶飄飄，有「吳帶當風」之譽，後人尊為畫聖，曾刻於普陀山的觀音像最能表現吳帶當風的特色，最為世人津津樂道，但其觀音像碑今已亡失。

　　據《普陀洛迦新誌》記載，此碑曾立於普濟寺，為侯繼高命工勒刻，但與閻立本觀音碑同毀於兵火。《普陀山誌》中載明朝侯繼高《遊普陀洛迦山記》，寫道：「一而日沉沉向暮，遂返舟中往余得吳道子所繪大士像，質素而雅，近又得閻立本所繪，則莊嚴而麗，二人皆唐名乎，余並勒之於石，明發復詣寶陀植碑於前殿。」1988年10月16日，靜鶴齋書畫院院長徐靜在普陀山，發現了一張泛黃吳道子觀音像拓本照片，此照片右款為吳道子寫，左款為「立石東龍山」。

　　欣賞吳道子繪的觀音像，面容嚴肅，大丈夫像，體態雍容大度，頭戴珠鬘，腳踩飛雲，衣帶飄舉，畫風細膩，自成一格，具體而微地顯現強勁又緊密的特殊風格。從衣褶的表現上，吳道子的畫看得出師承張僧繇的疏朗風格，再結合自創特色，形成輕飄如雲，卻又不失力道獨特味道。從拓片上得知，該碑於清時勒刻，立石地點在東龍山。普陀山據記載有「龍灣」、「伏龍山」，附近也有「龍頭山」等地名，但未見有東龍山這個名稱。因此東龍山是否就在普陀山，尚待考證。

　　吳道子觀音像勒石有四塊：天寧寺碑、章文昭碑、侯繼高碑及清朝無名氏碑。其中侯繼高碑在普陀山，這些碑石至今沒有任何一塊存在。

普濟群靈。

普濟寺現有的主要建築是清朝雍正年間所重修
的。他的前身是「寶陀觀音寺」，後來又改名是「普
濟禪寺」，現在是全山第一大寺剎。

普濟寺最有規模的九座大殿中，大圓佛殿是他的
主要建築，其他的屬建築，有二座樓閣和其他的屬建築，
普門殿內這座大圓佛殿都可容納五百人。

普濟群靈。

普濟寺現有的主要建築是清朝雍正年間所重修的，
他的前身是「不肯去觀音院」。
普濟寺是全山主剎，
規模最大，
寺內有九座佛殿，
十二座樓閣和其他附屬建築，
單單一個大圓通殿約可容納五百人。

茫茫鷲嶺水雲賒，今古莊嚴大士家；
檻外碧空垂法像，月明島嶼盡蓮花。
——明·李應詔《寶陀寺》

海印池

　　大眾從法雨寺轉往普濟寺，在進入普濟寺的小徑上，先經過一泓放生池，池上長滿蓮花，從小徑望過池的對岸，正是白牆綠瓦的普濟寺一隅，映現在海印池上，倒影搖曳，面對此普陀山第一大古剎難掩心頭喜悅之情，腳步不由得輕快了起來。

　　「海印」一語是指佛所入三昧境界，如大海能映現一切事物，佛之智慧也如海一般湛然，能映現一切法。海印池始建於明朝，池上有三座石橋，中間一座，北接普濟寺中山門，中有八角亭，南接御碑亭，將池一

分為二，成為東西蓮花池。蓮池三面環山，四周古樟參天，池水清澈。盛夏之際，蓮葉田田，池面照映著古樹、梵宇、拱橋、寶塔，構成一幅清淨的佛國景緻。

　　清代裘璉所編的「普陀山志」列了十二景，其中的「蓮池夜月」就是海印池的夜景，月夜時分來到此處，但見明月映池，蓮香襲人。蓮池美景反映著眾生本自具足的佛性，如蓮花般「出淤泥而不染、濯清漣而不妖」；「看取蓮花淨，方知不染心」，象徵人在五濁惡世中清淨的佛性

■海印池始建於明朝，池上有三座石橋，橋上有亭。蓮池三面環山，池水清澈。盛夏之際，蓮葉田田，池面照映著古樹、梵宇、拱橋、寶塔，構成一幅清淨的佛國景緻。

■一群佛學院學生見到心道師父，圍坐師父身旁請問修行用功方法，師父說：「修行主要是實踐，人不實踐，觀念的持久性，就是無法堅固，所以說閉關是需要的。禪修就差不多等於閉關，一天兩三個小時，這必然要做的，不做體驗度就不夠，思考也沒辦法那麼好。」

是不增不減、不垢不淨的。在此處靜坐須臾，也可體悟清淨自性吧！清朝鄔景曙的《蓮池夜月》詩云：「水滿波澄月色明，幽色遙拂晚風清；忽驚身在蓮花上，更待何年説往生。」就是從蓮花體會自性的詩句。

普濟寺

普濟寺俗稱前寺，座落在靈鷲峰南麓，與法雨寺、慧濟寺構成普陀山的觀音主道場，形成特殊的寺院景觀，合稱普陀山三大寺。普濟寺現有的主要建築，是清朝雍正年間所重修的，他的前身是「不肯去觀音

院」。普濟寺是全山主剎，規模最大，寺內有九座佛殿，十三座樓閣和其他附屬建築，單單一個大圓通殿約可容納五百人。

唐大中年間，日僧慧鍔自五臺山請得觀音像，由於觀音不肯去，而暫時安置在潮音洞旁的漁家張氏宅，後梁貞明二年遷於普濟寺現址建院，名「不肯去觀音院」，宋神宗元豐三年（公元1080）皇上賜額「寶陀觀音寺」，因為朝廷准許寶陀寺「置田積糧，安眾修道」，因此香火慢慢興旺起來。

宋高宗紹興元年，普陀山上的寺院一起「易律為禪」，從此寺廟多為

■普濟寺俗稱前寺，座落在靈鷲峰南麓，與法雨寺、慧濟寺構成普陀山的觀音主道場，形成特殊的寺院景觀。

禪院。宋寧宗嘉定七年，朝廷因住持德韶之請，賜錢萬緡修圓通殿，並頒御書「圓通寶殿」額。

元成宗大德三年，寶陀寺住持一山一寧，受封為「浙江釋教總統」，並以國使身分出使日本。明朝朱元璋派信國公湯和經略海上，洪武十九年（公元1421），把普陀山上島民移居內地，僧人亦不例外，湯和命令把三百餘間寺庵焚毀，觀音大士寶像也遷到郡東的栖心寺，並將之改名為「寶陀寺」，即現在寧波的七塔寺。

明萬曆二十六年，寺遭火焚，次年神宗再賜藏經。三十三年（公元1605），遣太監張隨監督重建寺院，改北向為南向，寺門正對永壽橋，皇上賜額「護國永壽普陀禪寺」，規模宏大。

清順治二年和康熙四年，荷蘭人兩度入侵普陀山，焚毀殿宇，洗劫文物。康熙十年，再遭焚寺遷僧，二十八年，康熙南巡杭州，定海總兵黃大來奏告普陀衰頹的情況，康熙賜金千兩，遣使重修圓通殿。其後十年，總兵藍理和潮音禪師苦心經營，終使普濟寺成規模。三十八年（公元1699），康熙御題「普濟群靈」、「普濟禪寺」額，從此前寺定名為普濟禪寺。

光緒十五年，住持隆珠募捐重建圓通殿，加蓋黃瓦。二十九年，住持通達在大圓通殿重裝阿彌陀佛金身像。心明和尚曾做《圓通殿落成誌喜》曰：「廿年前棘地，此日見禪林；聖主恩流海，宰官信布金。聞香靈鷲舞，聽法毒龍吟；自知微願力，不負報師心。」

■1998年深秋，心道法師率靈鷲山教團至普陀山朝聖時，獲寺方至誠接待，圖為普濟寺當家戒忍法師贈送，著名的明朝畫家閻立本所繪的楊枝觀音現場拓印圖，與南海觀音縮小塑像給師父作紀念。

戒忍法師並向大眾開示提到：「去年的現在（1997農曆年觀世音菩薩的出家日），南海觀音舉行開光大典，但那一天的天氣是陰雨天，開光時辰一到，原本黑壓壓烏雲突然裂開一道縫，陽光直接直射南海觀音的胸心，現場每個親眼見到聖況的人無不感動莫名，嘆為觀止。而一年後的今天，靈鷲山教團來到普陀山朝聖，今天的天氣和去年的今天一模一樣，陰雨中出現朝陽，您們說這是巧合，還是觀世音菩薩自有安排！」

觀自在菩薩壁

　　走到石牌坊，在海印池的永壽橋南面有一面三米高，用七塊大石板鑲成的巨壁，壁上有二米來見方的五個大字‥「觀自在菩薩」。

　　觀自在是觀世音的別稱，菩薩大慈大悲，有求必應，稱為觀世音。又因智慧無比，無通無礙，稱為觀自在。大字石右邊也刻著《華嚴經》誦偈：「海上有山多聖賢，眾寶所成極清淨，勇猛丈夫觀自在，為渡眾生住此山。」左邊則刻有為渡眾生到彼岸的「般若波羅蜜多心經」，此壁又稱「菩薩牆」，文革期間，幸為煤堆所障，才免遭厄運。

石牌坊

在海印池南邊，觀自在西邊的妙莊嚴路，建有一座四柱三門，高九米、寬十二米的花崗岩雕鑿而成的石牌坊。坊前有步道通普濟寺，許多朝山客朝禮朝拜到此門後，就是進普濟寺的正道。坊內側立一石碑，上書有「文武官員，軍民人等到此下馬。」據說是皇帝立下的聖旨，凡官員到此，文官下轎、武官下馬，以示對觀音大士的崇敬。

御碑殿

普濟寺一直以御賜的三塊御碑為榮，第一塊是明萬曆三十五年所立的「萬曆御碑」，第二塊是清康熙四十三年立的「康熙御碑」，第三塊是清雍正十二年立的「雍正御碑」。碑文上的大意都是簡述普陀山史與興修事蹟，說明皇上對普陀山聖力加持的感念，為召示天下，特立碑以傳諸不朽。

普濟寺的中山門原為萬壽亭，建於明萬曆年間，康熙四十一年改建。康熙皇帝親筆御書普陀山發展史，文勒碑豎於殿內，萬壽亭改名御碑

【御制普陀洛迦山普濟寺碑記】

康熙皇帝曾兩次賜銀派人修建普濟寺，並親書短文記載：

稽考梵書，補陀洛迦山，有三：一居厄納忒黑，一居忒白忒，一居南海，即是山也。本山志書，未得其詳。當年海寇猖狂，凡禁海之外，寺宇梵剎，皆為灰燼。自康熙二十二年，蕩平台灣，海波永息。故游方納子因舊基址，斬蓬蒿，刈藜藋，而更新焉。朕時巡浙西，特遣專官，虔修淨供。敬書題額，永鎮山門。復發帑金，重修寺宇。務俾殿堂廡廊，丹碧華煒，棼橑煥美。而一木一石，悉出公家。一夫一役，不煩民力。上為慈闈延禧，下為蒼生錫祉也。

朕自弱齡，誦讀經史，以修齊治平為本。未暇覽金經貝葉，空寂泡影之文。所以不能窺其堂奧。概而言之，元者，善之長也，佛者以善為本。推而廣之，大約無二。上天好生，化育萬匯。大士慈悲，度盡眾生，亦無二也。

朕求治勤民，四十餘載也，今者，兵革已銷，而民生未臻康阜，梗頑難化，而民情未盡淳良，皆因水旱靡常，豐欠各異，此朕癙瘝孳孳不能釋也。以大士之力，庶幾慈雲法雨，甘露祥風，使歲稔人安，萬姓仁壽。則普濟之鴻功，即時雍之上理，是朕之心也夫，爰書翰簡，勒諸窮碑，垂示無盡云。

康熙四十三年，歲次甲申，嘉平月上旬

■普濟寺一直以御賜的三塊御碑為榮，第一塊是萬曆三十五年所立的「萬曆御碑」，第二塊是康熙四十三年立的「康熙御碑」，第三塊是雍正十二年立的「雍正御碑」。圖為位於海印池中橋上南方的御碑亭，建於雍正九年，亭中為雍正十二年所立的漢白玉碑：「御制普陀普濟寺碑」，上有雍正親筆書皇家重修普陀洛迦聖地的事蹟，為現存普陀山中石質最好，製作精良的石碑，高三米，寬一點五米。

殿。碑用紅石製成，碑趺爲一青石製成的靈龜。

此碑是用紅石制成，有三米高、重約二點五噸，底座爲一大石龜，用青石制成。當時要將重達二點五噸的石碑豎立在石龜背上，煞費工匠腦筋。石料來自浙江溫嶺，在當時條件下，將這巨大石塊大老遠運來普陀山，足見工程之浩大。據傳，當時大家苦思不出解決之道，有一石匠晚上夢見一位身穿白衣，腳踏蓮盤的女子，從蓮花洋飄然來到面前說：「若要將碑塑起，除非碑不見龜、龜不見碑」，說完又飄然而去。

石匠醒後，突然大有所悟，高興得直叫「有了！有了！」，第二天上工後，石匠叫大家在殿中央的地基上放一塊大而結實的青石板，在把石龜放在青石板上，然後在石龜背上做好碑槽，又在石龜周圍滿滿鋪上泥土砂石，把石龜牢牢埋起來。

接著再做一道斜起的斜坡路，再叫眾人合力將石碑移到碑槽處，用簡單的槓桿將石碑撐起，碑腳正好嵌入碑槽中，就這樣大工告成了。製作過程中眞的是「碑不見龜，龜不見碑」。

御碑和石龜雕製精巧，碑頂有五龍戲珠浮雕，石龜昂首伸頸，眼珠有神，四肢作用力狀，形象生動，文革期間碑龜俱毀，一九八二年依照原來形制重建。

經過御碑殿，可以感受到普濟寺歷朝受到皇帝厚愛的風光，碑亭不論建築還是石龜，都有皇家御殿的味道，這一點也說明普濟寺在普陀山的歷史和地位了。

■心道師父在臨去佛國前，在毘盧觀音前頂禮一○八拜。圓通殿在民間素有「活大殿」之說，意即觀音大士有無窮佛法，能廣納天下皈依眾生，而無所限制，故稱為圓通，此殿到底能容納多少人，信徒越傳越玄，後稱為活大殿。

山門不開

　　穿過三門—空門、無作門、無相門，映入眼簾的正是普濟寺的山門，中央門上一塊鑲金邊的額，上書著「普濟禪寺」，左右楹聯寫著「五朝恩賜無雙地，四海尊榮第一山」。這個山門不同於其他寺廟的山門，因為它是關著的。說起它為何不開山門，也是有一段來歷：

　　相傳乾隆皇帝微服出巡，暢遊江南，一天來到普濟禪寺，正好天色已晚，想藉禪寺住一宿，來到山門時，門已經關了。小師父要他從邊門進去，他心想：我堂堂一國之君，如何能走邊門。執意要走山門進寺，小師父無奈，只好去稟報方丈，方丈說：國有國法，寺有寺規，所有香客都不能違反寺規。小師父回來照實說了，乾隆無奈，也只好從邊門進去。

　　雖然進去住了一宿，心中還是老大不平，回京之後下了一道聖旨，「既然此門不能為朕開，今後就甭開了！」所以自那時以後，也只有皇帝來才可以開山門。這個傳統沿襲至今，不過規矩稍微放寬了些，除了國家元首之外，

普陀山方丈第一次登座晉山時也開山門，另外則是寺內的佛像重塑開光時，也會破例開山門。

　　大眾經過時瞻仰門上精雕細琢的窗櫺和康熙御書「普濟禪寺」的手跡，大門深鎖，在門口聽導遊述說著這裡的點點史蹟，然後從邊門繞進去。

活大殿‧‧大圓通殿

　　「圓通寶殿」為全寺主殿，又稱大圓通殿，位於中軸線。從邊門進去以後，仍然是三進的格局，第一進是天王殿，第二進是大圓通殿，第三進是大雄寶殿。大雄寶殿內供的是三世佛，即燃燈佛、釋迦佛、彌勒佛，代表著過去、現在、未來三世佛，左右兩旁分別是普門殿和地藏殿。

　　最有名堂的當屬大圓通殿，這是普濟寺的主殿，初建於宋寧宗嘉定七年（公元1214），明萬曆和清康熙年間兩次重建，康熙第四次南巡至蘇州時，曾應山僧之請，御題一「大圓通殿」額。殿面寬四七米，深廿九米，高廿一米，琉璃黃瓦，重檐斗拱，堪稱「疏朗博大，弘傳巍峨」。圓通殿內供奉的是毗盧觀音高達八點八公尺，妙相莊

　　大圓通殿還有一個廣為流傳的神跡，就是這個殿的容納量「百人不嫌少，千人不嫌多」，可大可小，好像是活的一樣，有「活大殿」稱號，也有人稱「神運殿」或「鬆緊殿」。

　　話說從前有個官老爺，到普陀山前寺打千僧齋，本來只需要一千名和尚繞佛就夠了，但他好大喜功，非要三千名和尚不可。說也奇怪，平常感覺只能容納百來人的大殿，當天三千名和尚在大殿裡穿來繞去的禮佛，居然不覺得擁擠，殿外的香客都看呆了，連方丈也不由得讚嘆道：「真是佛法無邊呀！大圓通殿可真是活大殿。」香客們也不禁嘆道：「果然是活大殿呀！」於是活大殿之名因此傳開。

　　煮雲法師也有記載，當初他對於活大殿的傳聞不以為然，後來積善庵的當家師肇祥法師告訴他一個事實，他才相信了。民國二十五年有一位香客來山打千僧齋，那時全山香客加上僧眾有三萬之多。肇祥師當時在前寺庫房任副寺，因為打齋供僧要有一齋一襯（註：供養），吃過午齋大眾要上殿繞佛，肇祥法師就在大殿前負責發齋襯，因為庫房零錢不夠，改發籌子，領到籌子的人再去換錢。

　　為了防止有人重複領取，邊門都關閉，肇祥法師說從他手中發出去的籌子有六千多根，「這是我親手經過的事，真的是一 ↓

■頭戴毘盧帽，也就是五佛冠，帽上中央的佛像是大日如來，即毘盧遮那佛，每一帽冠上各有一佛。身披著天衣，結跏趺坐於蓮台上，左右脅侍為善財和龍女，這就是普濟寺著名活大殿中的毘盧觀音，高達八點八米。在活大殿中禮佛，無不攝受於觀世音菩薩慈悲、寧靜、平安的氣圍中。

嚴，慈目垂視，神色自在，爲全山之最。圓通殿在民間素有「活大殿」之說，意即觀音大士有無窮佛法，能廣納天下皈依衆生，而無所限制，故稱爲圓通，此殿到底能容納多少人，信徒越傳越玄，後稱爲活大殿。

圓通殿左右壁爲觀音菩薩度衆時所現三十二應身像，男女老少，聖凡人神諸像都雕得栩栩如生，左右又有文殊殿和普賢殿。楹聯曰：「佛德宏深廣度衆生當度我　世情崎嶇不念彌陀更念誰」，「暮鼓晨鐘驚醒世間名利客　經聲佛號喚回苦海夢迷人」。男女信衆在此虔誠地又跪又拜，向觀音訴說自己的心願，有的繞佛念誦聖號，好不熱鬧，香煙繚繞中，更增添宗教無比神聖的氣氛。禮佛完畢，許多人還喜歡請殿中的僧人在自己的筆記本上、袋子上或手帕上，印上紅色大印鑑，以爲留念。

另外，在中山門和天王殿間，聳立著鐘樓和鼓樓，分別掛著七十多斤重的巨鐘和直徑有五尺的大鼓，每當鐘聲響起，清音遠颺，有人把普濟寺和姑蘇城寒山寺的鐘聲相比擬，清幽嘹喨，各有

點都不假。」煮雲法師也不得不嘆服活大殿不是浪得虛名。外觀上看來，此殿差不多可容納五百人，照此説法，活大殿還可裝得下六千人，豈非神跡。

站在大圓通殿的毗盧觀音像前，像左右望去，面積不大，看看頂多只能容下幾十人近百人而已，再到觀音像後朝前望去，殿內容量真的不大，估量頂多裝個三、五百人了不得了，能裝下上千人真的是匪夷所思。既然傳言甚多，難免打量再三，難道這真是個活大殿？

傳奇故事·潮音讓賢

清康熙年間，潮音和尚訪師回到被荷蘭海盜蹂躪得破敗不堪的普陀山，見到滿目瘡痍的景象，他立志重修寺廟，就這樣邊募化、邊修建，苦熬了十年，許多寺院就在潮音和尚的努力下修復起來。

復興佛山十年，潮音想要找人讓賢，便在幾個徒弟中考察起來。

潮音有個徒弟名叫經堂，年輕能幹，很有學問，擔任寺院書記。當時普陀山給朝廷的奏本呈文，都是由經堂擬稿，康熙皇帝也深表讚賞，稱他是個「書記和尚」。

這年康熙皇帝南巡，派內官到普陀山上香，經堂靈機一動，向潮音獻了一計。潮音點頭稱是，要經堂連夜寫好奏本，請內

↓

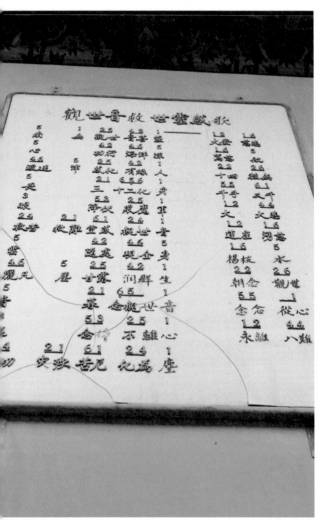

■家喻戶曉的觀世音救世靈感歌，唱腔為台語：
「南無觀世音菩薩，大發慈悲心，功行海洋深，駕慈航度迷津，感化有緣人，十四種無畏，三十二化身，千手及千眼，降服眾魔軍。大慈大悲，救苦救難，靈感觀世音，蓮座湧慈雲，隨處現金身楊枝水灑凡塵，甘露潤群生。朝念觀世音、暮念觀世音，念念從心起，念佛不離心，永離八難，一切災殃苦厄化為塵。」

千秋。

　寺內的泉水清澄甜美，是煮茶的上品泉水，明代稱大小庵堂為「靜室」，香客把庵堂中烹茶待客的茶室取了個雅號為「靜室茶煙」。屠隆把「靜室茶煙」列為普陀十二景之一，其詩曰：「蕭蕭古寺白煙生，童子烹茶煮石鐺；門外不知飄急雪，海天低於凍雲平。」

　許多信眾在毗盧觀音聖向前跪拜、祈求，也有些台灣來的道教團體在聖像前輕聲的扶乩問卜，雖不甚如法，但虔誠之情寫於臉上，對於菩薩的指示也感到滿意。

潮音和尚

　潮音和尚姓俞，名通旭，七歲在普陀山的栴檀庵出家，明末清初，荷蘭海盜常來普陀山搶掠。潮音只好離開普陀山，渡海雲游、遍訪明師。後來他回到普陀山重建各寺，任普濟寺住持九年，本想在息來院終老，自己花錢修建息來院，後來一想供養自己不如供養佛，就停止

息來院的工程，專志於寶陀寺琉璃瓦的製作，裘璉曾為此寫過《重蓋大殿琉璃瓦記略》。

潮音通旭也是清初臨濟宗的巨匠，康熙二十九年來普陀山，後定海總兵藍理因山僧一致推薦，囑其住持普濟寺。機鋒伶俐，一次解七晚參說道：

「七日前，即心即佛也是，非心非佛也是；

七日後，即心即佛也不是，非心非佛也不是；

何以不經一事，不長一智。」

有一次欽差喇嘛來山，他示眾云：

「趙州不下禪床，東林不過虎溪，風高千古。

昨日命使來山，為什麼長老走出山門？

老僧為人無意致，世情隨順是菩提。」

他常說：「大法之壞，不在四眾，而在狂禪，多游族姓，修飾竽牘，務為求名，而中茫焉無所了，吾之所以不敢出也。」康熙三十七年示寂說偈曰：「住住原無住，行行實不行；要知今日事，覿面甚分明。」起坐而逝。

官帶回去轉呈康熙。

內官回到南京行宮，把奏本呈了上去，康熙只瞄了一眼，說：「怎麼，又來討錢了？」內官搖搖手說：「不是討錢，是討田！」康熙聽了，覺得奇怪，內官開始讀奏本，當讀到「寺院主張以農普禪，建立廟田，呈請聖上恩賜，把與普陀山隔海相望的十畝涂劃為廟產...」內官念到這裡不覺心想，明明是「順母涂」，經堂卻寫成「十畝涂」，這不是欺君之罪嗎？又想經堂一向辦事認真，也許順母涂也叫十畝涂吧！這時康熙連連叫好，說：「好主張，好主張！寺院有了廟田，就能自立，不用朝廷再發款資助了。區區十畝海涂就給他們吧！

內官又繼續念：「奏文上還說，十畝涂地薄土瘠，收益不多，請求把朱家尖一荒地也劃為廟產。」

康熙聽了，笑問：「這奏文可又是經堂所寫？」內官回是，康熙把手輕輕一揮說：「算了，『十畝涂』都給了，何惜一個小小的『尖』呢？給！」

從此順母涂和比它大好幾倍的朱家尖兩個島上的田地，全劃為普陀山的廟田了。「大大順母涂、小小朱家尖」這句話也就傳開了。

聖旨傳下來，潮音暗暗誇讚經堂，又見他品德好，志向正，便高高興興地把主持寺院的重任讓給他，自己到息來院退居，研究佛經去了。

靈鷲峰

西子湖頭靈鷲嶺，飛來竺國遠如何。

那知東土因緣熟，又送慈雲到普陀。

——清、沈樹蘭《靈鷲峰》

普濟寺後方有一座主山名爲靈鷲峰，山上有三石巍然並立，以東岩爲最，狀似鳥嘴，聽說與西湖的鷲嶺非常相似，團員因多是台灣靈鷲山佛教教團的信衆，看到靈鷲峰，也紛紛說好像是台灣靈鷲山上隨處可見的鳥嘴石，石上有明萬曆周汝登、陶允嘉等禮山題記。

而慈雲石是這座山的主石，形狀也一隻北向的大鳥，石縫間還有涓涓細泉直接流入普濟寺。靈鷲峰的西邊有龍岩，自北而南，俯首欲降，蜿蜒伏於山林之間，龍岩的西邊還有一蛤蟆石，幾乎隨處都是奇岩怪石，而歷代騷人墨客也多有詠讚詩描述。

香華街

大衆在普濟寺捨不得一下就離去，走出大圓通殿後，坐在殿前的古樟樹下，遠眺天邊的夕陽，心想，此番到了普陀聖地，瞻仰莊嚴的毗盧觀音，又到此普陀山祖庭的大殿參拜，身爲佛弟子，亦當無憾矣！

步出普濟禪寺，寺院門牆邊成排的參天古木，門口的一株古樟，還有四百年的歷史呢！在寺院左邊有一條特產街，此即著名的香華街，是觀光客最喜愛的採購區，街呈丁字形，長三百多公尺，原來是賣海鮮特產

■台灣靈鷲山上隨
處可見的鷲嘴石

的街道，有「佛國海鮮一條街」之稱。

　一九九五年，有關部門認為在佛國賣海鮮似乎不妥，乃將他們搬遷，改為賣佛具工藝品的小店舖，一間間並排在街道兩旁，算算大概有近百家，都是賣些佛具紀念品，佛像、念珠、海清、袈裟、羅漢袋，土特產像是南海紫菜、雲霧佛茶等等。大眾在此選購一些紀念品，帶回去送親朋好友。

　買好紀念品後，大眾約在普濟寺門口集合，有些道友尚未回來，就在樟樹下的矮石邊上坐著等，旁邊一個長相邋遢的和尚，黃色袈裟裹身，袈裟上頭黑油油的一片片，好像都沒洗過也似，年紀看去也有六十上下，眉目都還乾淨。乃側問他：

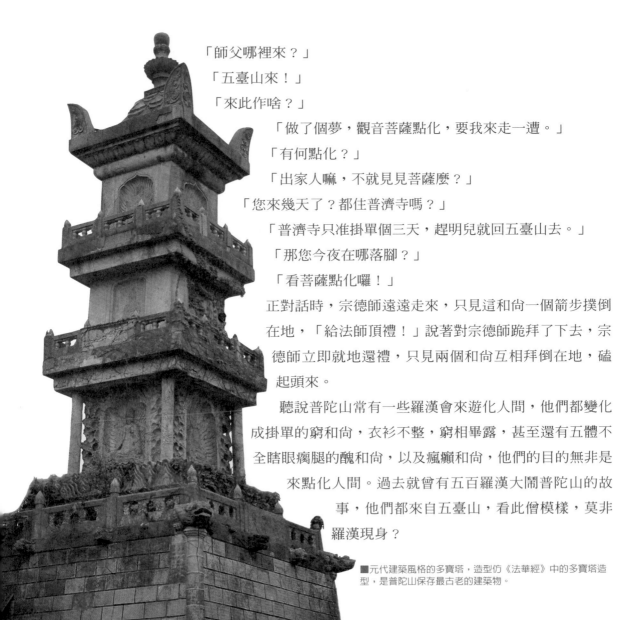

「師父哪裡來？」

「五臺山來！」

「來此作啥？」

「做了個夢，觀音菩薩點化，要我來走一遭。」

「有何點化？」

「出家人嘛，不就見見菩薩麼？」

「您來幾天了？都住普濟寺嗎？」

「普濟寺只准掛單個三天，趕明兒就回五臺山去。」

「那您今夜在哪落腳？」

「看菩薩點化囉！」

正對話時，宗德師遠遠走來，只見這和尚一個箭步撲倒在地，「給法師頂禮！」說著對宗德師跪拜了下去，宗德師立即就地還禮，只見兩個和尚互相拜倒在地，磕起頭來。

聽說普陀山常有一些羅漢會來遊化人間，他們都變化成掛單的窮和尚，衣衫不整，窮相畢露，甚至還有五體不全瞎眼瘸腿的醜和尚，以及瘋癲和尚，他們的目的無非是來點化人間。過去就曾有五百羅漢大鬧普陀山的故事，他們都來自五臺山，看此僧模樣，莫非羅漢現身？

■元代建築風格的多寶塔，造型仿《法華經》中的多寶塔造型，是普陀山保存最古老的建築物。

多寶塔

在普濟寺外的小徑上，沿著海印池望外走去，在東南方聳立著一座斑剝老舊的塔，這就是有名的普陀三寶之一——多寶塔，又名寶佛塔，俗名太子塔，此塔造型仿《法華經》中的多寶佛塔造型而建。

多寶塔是普陀山現存最古老的建築物，矗立在普濟寺前、蓮花池的東南角，興建於元代。塔呈方形，高三十二米，雙層塔座，三層塔身，共有五層，有台無檐。全都是以潔白的太湖石砌成。上三層四面都鑿有一龕，內鏤一佛，尤以觀世音最爲平靜安穩，背景則是神態各異的十八羅漢。

佛像每層挑台都有石欄杆，柱上刻有守護天神、獅子、蓮花等圖案，刻工和諧中又兼具精巧生動；第一層爲基座平台，四角有石雕螭首，作張口噴水狀，聽說下雨時，水還會從口中流出；第二層蟠龍繞柱，柱頭雕有蓮花。每層四面都鑿龕雕佛，整座塔極爲工巧生動，頂屋四角還裝飾有蕉葉山花，並以寶狀仰蓮作爲冠蓋全塔的塔刹，是典型的元式建築，造型方整穩健、架構簡

潔明快，顯現元代建築風格。

　　多寶塔的興建與元代的孚中禪師有直接因緣，孚中原是普濟寺當家，住持達十四年之久。常自持一缽，乞食吳楚間，鎮南王勃羅不花曾親迎至府中虛心問道，太子宣讓王帖木兒不花亦曾請示法要，對孚中甚為敬重。禪師在參學徒中見江南一代多靈石（太湖石），立願在寺前建塔。

　　孚中禪師於元統年間（公元1333－1334）得到宣讓王千錠的供養，即從蘇州購買太湖石，僱請當地的工匠，開始多寶塔的雕鑿施工。上三層完工後，孚中租船運回普陀山，於元統三年（公元1335）完工，稱為「太子塔」。

　　當年捐資興建多寶塔的太子宣讓王，明兵起義時，他已回北京城擔任監國，至正二十八年八月庚午，明兵入北京城，帖木兒不花就隨同元朝的滅亡身亡了，享壽八十三。戎馬一生，只因捐資蓋了這座太子塔而留名佛國，也堪聊慰。

　　多寶塔歷經六百多年的風吹雨打，尤其是千步沙吹來的海風，對太湖石產生很大的腐蝕作用，民國八年（公元1919），印光、了余、了清等法

醒後想伸伸腿，竟發現全身無法動彈，牠睜眼一看，只見四根大柱子，緊緊卡著喉嚨頭，這下一急，想用龍角撞斷石柱，可是上面有《法華經》鎮住，一點也沒辦法掙脫。牠一生氣，打了個噴嚏，就起了一陣狂風，把塔頂給捲到海裡去了，眼看塔就快塌了，大家趕緊去找住持。這時忽然有一道光從寺院後院的破矮屋射出，大家進屋一看，只見一只金光閃亮的琉璃佛缽，上面有一張小字條：「多寶塔鎮孽龍，琉璃缽平妖風」。

　　住持一看，趕緊捧著缽，三步一拜地，爬上多寶塔，將琉璃缽放在塔頂上。說也奇怪，立時三刻，就風平浪靜了。從此每次漲潮，海水只漲到百步沙為止，多寶塔也穩穩聳立在普陀山。（剪輯自《普陀山傳說》）

師，會同陳性良居士捐資補修，缺壞的地方全用水泥補上，塔外再用水泥厚敷，以期能久經風吹日曬。塔旁加蓋了塔院，正殿供佛，旁殿有住僧守塔。

元代建築的代表，因此已列為全國重點保護的文物之一，與普陀山楊枝庵中的楊枝觀音碑、法雨寺的九龍殿齊名為「普陀三寶」。如今，只要站在普濟寺前，就能見到聳立在側的多寶塔，令人發思古之幽情，而在多寶塔聆聽由普濟寺傳送而來的悠揚鐘聲，與不遠處百步沙的海潮聲，交織而成普陀十二景--「寶塔聞鐘」。

拜懺

如今隔了八十多年，中間還有文革時的破壞，多寶塔在風中已見衰頹，大眾經過此處，瞧著它殘敗破

落的景緻，也不禁唏噓，忍不住駐足多望兩眼。我們參訪期間，佛教會正派人修建中。在夕陽照耀下，仍可見它的威武雄姿，這時，已經收工了，塔邊堆滿著支離破碎的木板，只剩兩名工人在收拾著工具準備下工。宗濟師見大眾不捨之情，和導遊一起走向工地，找到工頭協商了一陣，答應讓大眾上塔拜懺。

經過幾位法友協助以木板搭架，讓大眾可以登上塔台，塔台四周仍是破亂不堪，殘裂的的木板、碎玻璃致滿一地，大眾各自把身前的地清理過後，排班拜懺。在宗濟師和宗德師的帶領下一字一句的唱誦著：「往昔所造諸惡業，皆由無始貪瞋痴，從身語意之所生，今在佛前求懺悔。」一遍一遍唱誦，此時台下擠滿附近住家觀看的人，他們或許不懂得辭意，但虔誠之心並不遑讓。

大眾唱誦聲中，我慢慢走下法友們臨時搭起來的木板梯，望著夕照下的多寶塔，四周呈現閃閃金光，破落中猶見一線生機，當地的住戶們熱心的解說著多寶塔的盛況，一位工人模樣的中年人

孚中和尚

孚中和尚住持普陀山寶陀寺十四年後，於至正二年至金陵龍翔寺當住持，當元代敗亡，明代將士打下金陵城時，龍翔寺僧眾紛紛離散避難，只有孚中在寺中閉目靜坐，將士看到此景，紛紛丟棄手中的武器跪拜，後來連朱元璋都仰慕孚中的道行，親臨龍翔寺聽法。

孚中稟性沖澹，每天必誦《法華經》，寒暑無阻。一天，在江陰統兵的朱元璋夢見孚中穿著褐色僧袍來見，問說：「師為何而來？」孚中答說：「我將西歸，特來告別。」朱元璋回南京，就聽到孚中圓寂的訊息，託夢正是圓寂前一天。

據潮音通旭所著《普陀列祖錄》記載，孚中在圓寂前更衣趺坐，謂左右曰：「我要走了，你們當荷法自期，精進修行就行了。」說完就閉目。侍者說：「和尚說走就走，不留下隻字片語教示麼？」孚中再度睜開眼睛，提筆寫到：「平生為人戾契，七十八年漏泄，今朝撒手便行，萬里晴空片雲。」

驕傲的說：「塔基上四邊原來有四座麒麟，現在都壞了，不過重建以後一定會裝回去。」大眾拜完懺後，也順便在此作個晚課，然後再一個一個接著下梯來。宗濟師要導遊買了一些汽水給這些工地的工人們，一則感謝他們通融在修建中讓我們上塔拜懺，二則感謝他們參與重建多寶塔的功德。在夕陽餘暉中告別多寶塔，也告別了普陀山的最大寺院。

■拜懺結束，天色已暗，靠著微弱的光線，大家雖互相攙扶著下塔，卻也難免險象環生。

小 參

一期一會

晚餐後，宗德師開示，他說，此行首先應該感謝佛恩及師恩造就的因，其次有個人發心的緣，才能成就此行，所謂有好因結好果。

接著宗德師說了韓國戰國時代，元曉禪師的公案：

話說元曉和師弟義湘禪師想到中國祖庭參學，一路顛沛走來，一天走到林中見一泓清水，兩人十分口渴，立即汲水而飲，感到泉水甘甜，喝得滿心歡喜，兩人在林中宿了一眠。

天亮後，兩人整裝擬再前行，元曉至池邊想裝點水，抬頭一看，池邊乾樹枝上懸掛著一具上吊的屍骨，立即吐得一地，恨不得把昨夜喝的水一口吐光。元曉吐過之後不禁自問：昨天喝的水和今天見到的水並無不同，昨夜喝來也是清涼可口，為何今日對此水卻起噁心？

兩人繼續前行，又一夜遇大雨，來到林中見一山洞，相偕進入避雨，一進入洞中見滿地腐屍骷髏，立即望外衝出去，才知道此圓丘形山洞是墳場。但因為雨太大，遲疑了一會又衝了進去，在洞中想睡又不敢睡。元曉心想：死屍躺在地上又不會動，為何無法入睡呢？這一切不都是心所造嗎？因為境使心動，令心不安故，於是元曉禪師第二天就往回走，不去參學了。

元曉後來小有名氣，因為長相莊嚴，公主對他甚為愛慕，當時由於佛教只在貴族間流傳，為了讓佛法廣佈民間，答應娶公主為妻，並生了一子，此後到民間弘法。其子漸長後，知道父親是個破戒僧，甚感羞慚，離家出走。在外風聞元曉禪師弘法事蹟，逐漸理解父親當時的做法，是為了讓佛法能深入民間，於是到元曉禪師的寺廟求剃度為僧。

元曉問明來歷後說：「可以，先去庭院中打掃。」只見庭中秋夜落滿一地，打掃乾淨後向元曉回報，元曉走到庭中再把樹葉從簍中倒出，說道：「秋天的庭院怎麼可以沒有樹葉呢？」秋葉應該清掃，但是秋天的庭院也應該有落葉，元曉只是想看看他的兒子是否動了心，心若不起分別，又何礙於庭中有葉無葉？

宗德師又以「一期一會」期勉這次朝聖的大眾，這次到聖地的同參有二十人，但是下次你何時再來並不可知，就算再來，也不可能是同樣的人、同樣的景，就像日本茶道一樣，每次與會的人不同、茶味也不同，所以更應該珍惜每一回的相聚，珍惜當下。

在宗德師的開示中，大家各個懷抱著無限的感恩心，度過在佛國朝聖的最後一晚。

梅岑仙境。

PUTUO MOUNTAIN

Putuo Mountain

梅岑仙境。

梅福字子眞，
西漢壽春人，
曾經在江西當過陶正，
做過南昌尉，
因爲人正直，
看不慣官場風習，
後去官歸里，
新莽竄政後來到普陀山修道煉丹。

子眞隱吳市，何爲在海涯

異慕岩谷幽，與佛成一家

梅岑留遺跡，高峻凌青霞

我來當三月，滿林杜鵑花

披襟一長望，海濤浴浮槎

三山如可到，蓬萊路不賒

稚川晚得道，異眞在丹砂

一令覆一尉，超然不可偕

　　　　　　—清．繆燧《梅岑峰》

　　第四天，吃過早齋後，遊西天景區。西山景區統稱爲「梅岑仙境」，
爲全山石景薈萃處，自觀音古洞開始有二龜聽法石、磐陀石、說法台

石、臥牛石、心字石、一擔扁舟石等。由於一般人不喜西天二字，認為
「上西天」是不吉利的話，因此遊客多稱西山景區，但是對於修習淨土
宗的人來說，求生西天正是畢生心願呢！這也是一種心造，不是嗎？

　　西天門香道自磐陀庵左側直上，至觀音洞而下，全長一千六百公尺，
全用青石板舖成，間嵌有六十餘塊蓮花石板，象徵著踩踏蓮花登上西天
佛國。

■觀音古洞外，刻有「觀音大士」四個大字處，傳觀世音菩薩曾在此現身。

觀音古洞

　　大眾沿著香道拾級而上，就像在台北近郊攀登四獸山、大崙山、仙跡巖一般，風和日麗的早晨，望著山下的小屋，還是覺得塵囂擾擾，不同的是，多了一層朝聖的心境，大眾安靜而肅穆的前行。不久來到一座山門，額上金字寫著「觀音古洞」，踏上山門檻，映入眼簾的是一個小廣場，對眼有個小石洞。此一古洞原為海底洞穴，地殼變動時升起，傳說觀音大士曾在此洞中修行。

　　洞中有天然形成的石乳倒懸柱地，四周石壁及柱上均鑴有觀音聖像，中間供奉的是黑石製觀音坐像，施無畏印，後有石雕三世佛，石洞中可繞柱而行，普陀山石室之大當首推此洞。大家在輪流進道洞中膜拜觀音，再依序而出。洞口修築了一座黃牆綠瓦的門，門外有一方石板小庭院，我們在

庭院唱誦觀音聖號，佛號聲音在香霧嬝繞的晨間，極清極淨。

　古洞頂上巨石相疊，其中有一奇石，名為鸚哥，神形極似白色的鸚鵡，石縫中還有一棵大樟樹，可遮天蔽日。從外面的庭院往上望去，洞上有二巨石相疊，上鐫「大士重現」四字，大伙在此駐足望著大士重現四個大字，盼望著觀音大士或許會在眾人虔心地祈求中現身，往後則見後山石壁上還有釋了空的「金剛古洞」題刻。

　觀音洞附近原無廟宇，只有幾株梅樹，又稱「古梅岑」，明萬曆年間，有僧在此結蘆而住；清雍正間，法澤法師開始建了圓通殿及齋樓，其後屢經擴建。圓通寶殿在古洞東側，供奉五米高的楊枝觀音，端坐俯視、妙相莊嚴。一九八三年由浙江美術學院院長陳長庚塑造，兩旁供著二十五圓通。

■洞中有天然形成的石乳倒懸柱地，四周石壁及柱上均鐫有觀音聖像，中間供奉的是黑石製觀音坐像，施無畏印，後有石雕三世佛。

　　西山景區大多是庵，主要是比丘尼清修之地，看我探頭瞻仰二十五圓通，一名比丘尼很客氣的移開柵欄，請我入內觀賞。殿門的楹聯是普濟寺監院戒忍法師所題，聯曰：「利八難三途齊沾法雨，益四生九有普現蓮花」。

　　庵後石壁有洞庭山人於民國十四年題刻「梅福仙人煉丹處，留此靈跡，醫治萬病，有緣誠求者無不應驗，所以志之也。」庵下山坡石岩上刻有「回頭是岸」、「名教樂地」、「心即是佛」、「道登彼岸」等多處石刻。

二龜聽法

> 洛迦二百里，巨石不可數；
> 念彼觀音力，黃金可地布。
> 說法驚波濤，兩龜竟相赴；
> 至今岩石上，昂首吐煙霧。
> 聽法豈無人，水族反得度；
> 千載留磐石，令人屢回顧。
> 　　　　　　　—清·孫渭

　　沿著山路上行，來到一片樹林地，往小徑旁的石頭坐下，眼前正好一塊巨石，這石上好像蹲踞著一隻烏龜模樣的巨石，回首顧盼，往巨石左側望去，竟還有另一隻烏龜石，正沿著巨石著急似的往上爬，這就是有

名的「二龜聽法石」。

　　話說觀世音菩薩在說法台上說法，一天，龍王見龍宮的蝦兵蟹將全都不見了蹤影，就問屬下：「人都到哪去啦？」「都聽觀音菩薩說法去了。」龍王想，這有啥好聽的，就差兩隻海龜上岸去打聽打聽。晚上兩隻烏龜一前一後，聽得入迷，忘了歸期，化成了石頭。

　　清人何月生有詩云：「見說磐陀若地靈，普門曾此坐談經，二龜何事

■兩隻烏龜一前一後的蹲伏在巨石上，這就是有名的「二龜聽法石」。

■有「普陀山第一奇石」之稱的磐陀石，據說在無念之中才能推動它，而且只要一個人就可以了，若是平日，縱使十個大漢也無法撼動，甚至十一級以上颱風也刮不倒。

翻成石，想是當年不解聽。」這是另一種說法，認為二龜可能是聽不懂觀音菩薩的說法，被點化成石，日日夜夜在此靜聽，以便了悟。

普陀山第一奇石‧‧磐陀石

大眾繼續前行，來到西山頂，只見一片由石頭舖成的平台，一眼望見前方一塊石頭，以尖頂倒頂在另一塊大石上，好似一石空懸在一石之上，險如滾卵，但卻不動如山，上下兩塊石頭接縫處，間隙如線，似接未接。但即使每年有颱風，就是十二級風也是紋風不動，堅如磐石，穩如陀螺，相傳曾有人牽線橫割而過，證明兩石並未相接，但後來再試的人就沒成功過了。

石上有紅字書寫著「磐陀石」三字，旁有黑字題「侯繼高書」，這就是外傳「普陀山第一奇石」的磐陀石。普陀山離日本甚近，明末時倭寇常來犯，朝廷派侯繼高前來鎮守普陀，因此磐陀石上留有他的手跡。

石頭背面也留下一些題刻，有「大士說法處」、「金剛寶石」、「西天」、「天下第一石」等，據說國父在民國五年遊普陀時，曾在此題刻「靈石」，但筆者並未見著石上有此二字。

據說《西遊記》所說的西天就是指此地；而《紅樓夢》中的「通靈寶玉」和此處的「金剛寶石」形意酷似，因此有很多電視劇和電影都來這裡拍外景。

此處觀日出和夕照都是絕佳景點，五更時分日出從東邊升起，巨大如輪，紅若丹砂，好像從海面驟然浮起，霞光萬道，散射在海面上，蔚為奇觀，屠龍把「磐陀曉日」列為普陀十二景之一，其詩曰：「黃煙黑霧照潺湲，忽破天昏海色殷；誰駕火輪推雪浪，赤火如矢射千山。」裘璉則把「磐陀夕照」列為普陀十二景之一，傍晚時分，在西山頂上望著天邊紅霞片片，一輪紅日緩緩西沉，比之日出毫不遜色，鮑廷治詩云：「霞飛山色千層畫，日落濤聲萬頃秋。」正是磐陀夕照的景致。

在磐陀石西北側有一庵始建於明朝，原名「龍泉庵」，乾隆道光年間重修，改名為靈石庵，因為旁有磐陀靈石之故。光緒三十年清福到印度朝聖，從錫蘭請得佛舍利，庵中如今供奉有三顆佛舍利、一尊玉佛和一部貝葉經，大殿內供奉的是楊枝觀音。

■磐陀石西北側有一庵，始建於明朝，原名「龍泉庵」，乾隆道光年間重修，改名為靈石庵，因為旁有磐陀靈石之故。光緒三十年，清福到印度朝聖，從錫蘭請得佛舍利，靈石庵中如今供奉有三顆佛舍利、一尊玉佛和一部貝葉經，大殿內供奉的是楊枝觀音。

入生命福慧之流

你看那兩隻烏龜要爬到那裡去？歸來歸去總跑不出虛空的掌握，所以我們的心性歸哪裡？心性歸於本來，本來如此。今天很幸運可以到普陀山最慈悲、最大願力菩薩顯化的地方，實在是我們的福報。

佛法有二個，一個是學習空性、體性的道理來消化我們的障礙，心性無障無礙，讓我們跟事事物物之間無障無礙；第二個就是學習慈悲，慈悲的根源在哪裡？根源就在空性，空性的根源就在慈悲。所以我們學習慈悲就是學習渡一切入福慧的這種生活之流，入福慧的生命之流，福與慧就是生命中必然要具足的東西，這樣，死也是很幸福，生也是很幸福的。如果我們不具足福慧二，縱使心裡再富有，也是很煩惱，很不自在，很不舒服。若具足慧，但資糧不具足，也是很負擔的。

學習觀音菩薩的慈悲，度一切眾生入無餘涅槃而滅度之，再度眾生出涅槃海，成就一切眾生的福祉。每個眾生因為心念、思想不一樣，造成很多差別的痛苦，如果內心得到平等、空性的觀念、良性循環的觀念，造福別人，慈悲一切，如同觀音菩薩的觀念一樣，聞聲救苦。處處是我們關懷的地方，處處是我們服務的地方，那我們何時何地都是有好的善緣，好的貴人、好的生意伙伴。所以學佛，就是如何讓生活得到最大的快樂、最大的福祉，得到最大的解脫。佛法不是消極的，只蹲在廟裡而已，是造福我們的生命，消化人與人、人與事的衝突。在人與人、人與事之間能夠無障無礙的互動合作，良性循環。

我們因為這樣的一個關係，所以弘法是一種共同的福祉。沒學佛法，痛苦是自己製造出來，自己要去消受，沒辦法知道如何終止痛苦，唯有我們學習到智慧，才能終止痛苦，造福群眾。

　　　　　　　1998金秋　心道法師 於磐陀石開示

■在磐陀石東面大約十公尺處，有一長方形的石頭，長三十幾公尺，頂平如台，石頭上鑴刻著「法臺靈跡」與「說法臺」，傳為觀世音菩薩說法之處。許多朝聖者都會用小石頭堆成一座小佛塔放在說法臺下供養。

說法臺

> 說法妙高臺，巍然石壁開；
> 自從慈現後，歲歲駕雲來。

> 清・釋靜一《說法臺》

在磐陀石東面大約十公尺處，有一長方形的石頭，長有三十幾公尺，頂平如台，石頭上鐫刻著「說法臺」、「法臺靈跡」的紅字，字的左側有一個小佛龕，內有石雕的觀音小塑像，兩旁有信眾拜拜的香，這方石下也有一些大石塊堆成的平台，相傳這裡就是觀音大士說法處。

下方靠近磐陀石的地方，有一塊石，狀似臥牛，傳有一牛趕來聽法，由於來遲了，觀音菩薩的法已經說完了，為了保證下次不再遲到，遂化成頑石，以後可以時常在此親聆觀世音菩薩說法。磐陀石西，有一堆奇巖怪石，縱橫拱峙，天然布列，型態各異，此處相傳是善財童子參訪觀音菩薩處。元代明書畫家趙孟頫曾寫過《遊補陀》詩云：「潤草巖花多瑞氣，石林水府隔塵寰。」普陀山多奇石，五十三參石，也會隨著晨昏晴雨和曉霧暮靄的變幻，呈現出不同的顏色。

普陀四絕

一、寺院

普陀山為佛教勝地，最盛時有八十二座寺庵，一百二十八處茅篷，僧尼達四千餘人。普濟、法雨、慧濟三大寺，這是現今保存的所有寺庵中最大的三座。普濟禪寺建於宋，為普陀山供奉觀世音菩薩的主剎，建築總面積約一萬一千多平方米；法雨禪寺始建於明，依山憑險，層層疊建，周圍古木參天，極為幽靜；慧濟禪寺建於全島最高的佛頂山上，又名佛頂山寺，大殿供奉釋迦牟尼佛，將佛教信仰推為極至。

二、金沙

百步沙和千步沙是普陀山優良的天然沙灘。百步沙位於多寶塔之東，也叫塔前沙。由於灘面較窄，受潮流和方位的影響，大海在這裡也顯得格外溫順。夏天的萬步沙是一處理想的海濱浴場。千步沙，位於朝陽洞與法雨寺之間，細軟淨潔的沙灘，長約1500米，海面浩瀚，水天一色。與風平浪靜的百步沙相比，千步沙更顯大海本色。每當海浪湧來，白滔翻滾，遇有大風大潮，海浪洶湧如翻江倒海之勢，令人嘆為觀止。

三、奇石

普陀山四大奇巖怪石，是大自然造化的一頂傑作。傳說中觀音菩薩講經之處的西山，有一塊巖石，重四十噸，形狀如菱，

↓

點頭石

在磐陀石東南，與說法台相望還有一石，高二十多米，孤立於平岩之上，撼之則動，好像點頭的樣子，俗稱「點頭石」，清朝周心愈有詩曰：「**頑石亦通靈，臺旁側耳聽；聽來微妙處，點頭竟忘形。**」在觀音說法臺前，有二龜聽法石、臥牛石、點頭石、五十三參石，這些勝景與觀音說法相呼應，倒也渾然天成。在西山頂上，這裡應該是一個很好的景點，不僅地方遼闊平坦，可以在此稍事休息；同時此處觀音勝跡多，也是隨機說法的好地方。大眾在此處各自去尋幽探勝，有人到磐陀石上尋找古人墨寶，有人在說法台前，遙想觀音說法的舊時盛況，有人到旁邊的靈石庵瞻禮觀音大士，有人到小商家去買些書籍底片飲料，各隨其願。

大眾在西山頂上拍照、瀏覽了一會兒，宗濟師要大眾席地而坐，就在說法臺前對大眾開示。他期勉大眾，有幸到此聖地接受菩薩的加持，應該藉此機會認識生命，用智慧消化無始的煩惱。《法華經》中說到，觀音菩薩以願力慈憫一切眾生，宣說普門示現成佛的條件，只為使眾生成

■靠近槃陀石的地方有一塊石狀似臥牛，傳說有一牛趕來聽法，由於來遲了，觀音菩薩的法已經說完了，為了保證下次不再遲到，遂化成頑石，日後可以時常在此親聆觀世音菩薩說法。

另外一說是因為老牛年紀太大，在聽法時沈入昏睡之中，心性無法與法相應而曘為石頭，但老牛發願：若有病者虔誠念誦南無觀音菩薩聖號，再把生病部位對準牛嘴，病在不知不覺中，得以痊癒。

就無上正等正覺，大眾當知煩惱從何而來，過去心、現在心、未來心，三心只在一心中得，不要錯認一切染著的行為是真實的，「眾流海為最，眾星月為最」無明覆障如同雲遮月，應該真實覺照當下的身心狀況，入佛知見、悟佛知見。

心字石

再往前行去，已是下山路了，途經一斜平坡巨石，圓渾平滑，上面鐫有一個紅色的巨大「心」字，長約五米、寬七米，是普陀山上最大的石刻文字，含有「心包太虛」之意，光是中心的那一點就可以容納五、六個人打坐，整個心字可融百人打坐，此心字究竟是何時鐫刻的，今已不可考，只知道在清代以前，就已有這個石刻了。相傳觀世音菩薩曾在石上講《心經》。佛法講的就是這一念心，觀世音菩薩的《心經》是佛法的精要，不僅佛門每日必誦，就是一般人也能「色即是空，空即是色」的朗朗上口，學佛要調伏的也是這一念心。傳說觀世音菩薩曾在此講述心經。張性初有詩云：

上寬下窄，上面平整如桌，可容二、三十人打坐，底部不足一米，危疊於另一巨石之上，間有空隙，似可穿線而過，此為普陀山十二名景之一，「磐陀石」。「二龜聽法石」，鄰近磐陀石西面，二龜形態逼真，栩栩如生；「心字石」在西天門，石上刻有一個高5米，寬7米的「心」字，為中國罕見，「聽潮石」在千步沙東頭，隨著海潮強弱變化，潮音變化無窮，每當晨昏寺院傳來鐘鼓之聲，更令人感到意境深遠，心澄目潔。

四、幻景-

普陀山出現海市蜃樓奇觀，多在春秋兩季，普陀山位在東海的普陀洋和蓮花洋之間，氣候溫和，雲蒸霞蔚，山海兼具，因此易出現幻景。國父孫中山先生於一九一六年八月到普陀山的佛頂山時，曾看到海市蜃樓，寫下《遊普陀志奇》，嘆為奇觀。

「海山聖跡在西天，一字紅心耀眼先；

恆做人間功德事，是心即佛量無前。」

心字石右上方約五公尺峽谷間有一石向外伸，隱現於草叢中，狀似蛇頭，另一頭距此石不遠處，在西天門西側，也有一石形似蛤蟆，翹首向蛇，神色自若。傳說此處有一蛇精，經過觀音菩薩點化後，精進修行。一天，觀音菩薩為了試一下蛇心，故意在蛇背上放了一隻蛤蟆，蛇果然不動心，毫無傷害蛤蟆的心意，觀音知道蛇的修行已經到了一個果位，這就是「佛試蛇心」的由來。後來才有人根據這個傳說，在蛇首下的平坡巨石上，刻個大「心」字，一則永誌此一故事，二則惕勵過往的人能精進修行。

■靈佑洞外的碑文，記述梅福曾在此煉丹濟世事蹟。

梅福煉丹洞

行義何妨又潔身，梅花獨占首陽春；

尋來丹井今猶在，無復當年跨鶴人。

—釋法堤

經過一段修築的清幽小徑後，路旁看到一株古柏樹，旁有一石階上行，路口立著一塊石碑寫著「煉丹洞由此進路」，抬頭見一個黃牆四階檐的牌樓，寫著「梅福禪院」，門口一個斗大的「佛」字匾掛正中央，這就是

這是誰的心？

問：這是誰的心啊？

答：自己。

心怎麼坐在心上呢？叫做心住心位，法住法位。一切法不離心，離心就沒有佛法了。法界就是我們的心，法界是遍滿的。為什麼要遍滿？心的本質就是這樣，我們今天最不堅固就是這顆心、最不能安住就是這顆心、最不能自在的也是心、最能自在也是心、最多罣礙也是心，所以如何去認知這個心？

心住心位的時候，一切就能定位，所以也不會妄想、執著、罣礙，也不會愛管閒事，我們這顆心就是愛管閒事、愛牽扯、愛攀緣，愛製作、愛造作，造作出來的一切叫做因果，因果就是不昧，只要起心動念所造的一切，就會成為種子，必然會生長，成為未來生命一種感受，一切因果就是心所造的。

心所造的一切就是果報，所謂的報，就是未來的一種生命感受，所以如果能製造出內心的智慧跟空性。這個受就是無罣礙，如果製造出來的是有形有相，是一個很不自在的原因，所以未來生命就會迷惑，在迷惑中就會造業，造業當中就會惡性循環，所以要知道對空性的了解，明白是很重要的。

1998金秋 心道法師於心字石開示

舊稱爲「梅福庵」的所在了。

梅福字子眞，西漢壽春人，曾經在江西當過陶正，做過南昌尉，因爲人正直，看不慣官場風習，後去官歸里，新莽簒政後，來到普陀山修道煉丹。山上有蛇常侵襲地方百姓，梅福煉製丹藥救人，百姓對他十分感念，九十歲還雲遊四海。明萬曆年間，普陀山住持如迥和尚在此初建庵，稱梅福庵；清初尚書陸寶遊歷此處，認爲不宜直呼先賢名諱，題額改稱「梅仙庵」、康熙年間改爲「梅岑禪院」；光緒元年，普陀山住持隆璋重建此院，恢復原名「梅福庵」，如今又稱「梅福禪院」，雖然變化無常，但梅福的名字，總算在普陀山上流傳了下來。

煉丹洞位於大殿左後方，又名靈佑洞，傳爲當年梅福煉丹處，洞深四公尺，供奉梅福塑像。泉水從「仙童像」的葫蘆口中，流溢而出，清冽甘甜，稱爲仙泉。洞額「靈佑洞」三字爲清朝吳瞻泰所書，洞外有煉丹井，清澈見底，景必上有涓涓泉水滴落。

清朝詩人朱謹有詩曰：「大丹烹日月，小隱答君親；留得崖前水，涓涓蓄萬春。」

在中國傳統中佛道一家親，許多佛教聖地會出現道教的道場，道教的神壇上也會有佛菩薩的出現，此處就是個典型。因爲道教在中國比佛教早，有些修行地是先有道後有佛，梅福雖是修道人，但過了幾世以後，此處慢慢演變成庵，也就是佛教道場了。早期的道家不講符籙方術，「練精化氣，練氣化神，練神還虛」，也是探討人的本質，還原到眞人的

■ 煉丹洞又名靈佑洞，傳爲當年梅福煉丹處，洞深四公尺，供奉梅福塑像，泉水從「仙童像」的葫蘆口中，流溢而出，清冽甘甜，稱爲仙泉。

境界。經過這樣的地方駐足，仍會對道人煉丹修真的意境，產生景仰與感懷。

■圓通寶殿內供奉滴水觀音，手持淨瓶。寶殿門口楹聯寫著「楞嚴會上演說圓通清靜獨推真教體　閻浮界內拔救苦難塵剎普現紫金身」。

正法明如來銅殿

梅福庵旁有一寺院「正法講寺」，舊稱圓通庵，始建於明朝萬曆五年，正殿供西方三聖，民國八年，康有為來山時曾住此庵，題額「海山第一庵」，一九六〇年後，曾經被漁業公司作為招待所用，一九九〇年普陀山佛教協會收回，台灣妙通寺傳聞法師得知後，出資整修圓通庵，

並改名為正法講寺，頗有台灣佛教的味道，普陀山融合了兩岸道風，此處可見。圓通寶殿內供奉滴水觀音，觀音現全身，手持淨瓶。寶殿門口楹聯寫著「楞嚴會上演說圓通清靜獨推真教體，閻浮界內拔救苦難塵刹普現紫金身」。

講寺後背靠梅岑峰，面朝蓮花洋有一座銅殿，殿雖不大，但氣勢雄偉，是普陀山繼南海觀音銅像之後的另一重大工程。一九九六年籌建南海觀音時，普陀山方丈妙善法師，正式提出興建銅殿的構想，因為在武當山、五臺山、萬壽山、鳴鳳山都有銅殿，唯獨普陀山沒有，普陀山佛教協會立即同意，並決定選址在正法講寺法堂後。銅殿在一九九八年落成，於農曆九月十九觀音菩薩出家日，由佛教協會舉行落成儀式，有上千名信眾來此觀禮，盛況空前。

銅殿有兩層高，不論重量或高度，都是全國四大銅殿之最，銅殿造型仿木結構，每一個細部雕鑿都和木製寺廟一模一樣。第一層正門額上鑲紅邊上有金龍，黑底金字寫著「正法明如來銅殿」，楹聯藍底金字寫著康熙帝於順治四十九年御賜的聯：「欲知堂奧幽深更進一步，要識門庭廣大如在孤峰」，第二層簷下掛著一額，紅底金字寫著「普明照世」。進入殿內，中供奉著一尊白玉觀音手作觸地印，上有「南海正覺」額，左右聯曰：「垂跡示本妙相莊嚴施法雨，倒駕舟航琉璃梵刹現慈悲」。

這座銅殿非常細緻典雅，可以知道設計者和施工者的心思細密，信仰堅定。站在殿前瞻仰，古銅色的小小殿堂襯托著藍色的聯柱，伴著門口

■正法明如來銅殿規模雖不大，但氣勢雄偉，是普陀山繼南海觀音銅像之後的另一重大工程。

兩株深綠的鐵樹，發出亮眼的光輝，銅殿自然流露出莊嚴而不失親切的特質。

拜別

朝拜西山景區後，導遊帶大眾到一家茶坊小坐，有涼亭面海，在亭中飲茶，海風撲面陣陣清涼，一冷一熱間，甘甜一如，別具風味。在茶坊裡啜飲著茶的芳香，此時又見到那位八十餘歲的阿婆，經過寒暄才知道她已經八十八歲了，是印尼的華僑，在子孫的陪同下，歡喜朝禮觀世音菩薩，她拿出一包包的印尼咖啡糖果分送大家，她會講閩南話，一再祝福大家「吃百歲」。每個人在此生難免都會有一個願望，能夠滿願是一件幸福的事。就以印尼阿婆來說，到普陀朝山是她一生的願，雖然八十八歲才滿願，看她一路歡喜的模樣，想必她此生願已了。而我們都還在盛年中，以一個佛教徒而言，能夠趁著體壯力健時候朝普陀，難道不是多生以來和觀世音菩薩結緣的福報？

回到飯店午齋，因為要搭船，有了上回來時暈船的經驗，大眾都不敢多吃，只吃個五分飽。隨後趕到碼頭，拜別佛國山門，搭上渡船，離開普陀聖境。還好一路上風平浪靜，沒有發生暈船的現象，顯然這次的朝聖行還算功德圓滿。

望著南海觀音像的逐漸縮小，一期一會，不知何年何月，還能再來聖

■拜別西山景區，踩著濃濃綠蔭，心想不知何年何月，還能再來聖地一遊。

■大雄寶殿供奉的是三世佛立像，兩旁為二十諸天，三世佛背後為海島觀音。

地一遊。這時，腦中閃現紫竹林不肯去觀音院的一幅楹聯：「竹影搖風此日瞻禮不肯去，濤聲震耳他年有緣請重來」，也只能祈願自己有這個福分了！

上海　玉佛寺

船開回到蘆潮碼頭，搭乘大巴士經南浦大橋直抵上海，從普陀山回來雖只四天，卻有如人天之隔，兩個世界的差別如此大，望著上海的高樓，聽著導遊述說著上海的建設和發展，普陀山好似另外一個世界。

不久，車來到一座黃牆大院，門樓上寫著「玉佛禪寺」，在車水馬龍的市區裡座落的這個禪院，原來就是大名鼎鼎的玉佛寺。本寺就是因為供奉了一尊玉佛而聞名，先有玉佛後有寺。據傳在一八八二年，普陀山僧根慧法師立志禮朝天下名山，先後到五臺山、峨嵋山、西藏，後又到緬甸，千辛萬苦請得五尊玉佛回國，一八九七年途經上海，應上海佛教信眾的堅請留下兩尊，其中一尊在當地建茅蓬供奉，

根慧第四代弟子可成法師，於一九一八年，募得清朝時任郵傳部大臣‥盛宣懷宅基十餘畝蓋寺廟，因可成法師屬臨濟宗，定名爲玉佛禪寺。

據說在文革時期，玉佛險遭紅衛兵破壞，住持眞禪法師特地將玉佛裝在木箱內，並用紅紙寫上「毛主席萬歲」，使得玉佛免去一劫。大雄寶殿供奉的是三世佛立像，兩旁爲二十諸天，三世佛背後爲海島觀音。

■這些鐘都是玉佛寺長久以來曾經使用過的大鐘。

一般人最想參拜的就是供奉在玉佛樓的那尊緬甸玉佛，沿著兩旁樓梯登上二樓，欄杆內大殿佛龕中，供奉著一尊笑臉盈人的玉佛，據說是翡翠白玉，因質地純淨，被視爲稀世珍寶。高一點九五公尺，重達

■玉佛寺的經藏樓

兩噸。玉佛塑像雕的是釋迦牟尼成道像，時在雪山伏魔，睹明星而悟道，顯現了無窮的神通力和定力。

殿內兩壁陳列著《大藏經》，此經是第二代方丈本照法師，向清廷皇帝請得鎮山的龍藏。

這尊玉佛，一望即知是釋迦牟尼年輕剛成道時的法相，嘴邊掛著微笑，右手作觸地印，左手結彌陀印，和藹可親。這個玉佛殿原來只准遊客隔著欄杆參拜，不准拍照。常住知道是台灣佛教朝聖團後，特地開放入內禮佛拍照，並做解說。

■玉佛寺是因供奉了一尊玉佛而聞名，而且是先有玉佛後有寺

■玉佛寺的掛牌表示該寺有在舉行這些佛教活動

■玉佛寺中弘一法師文物館，對弘一法師有詳盡介紹。

在玉佛禪寺的一樓還設有弘一法師紀念堂，門口置有一尊弘一法師的銅像，其上有一匾爲弘一所題的「以戒爲師」。

玉佛寺設有素齋部，還有對外營業，就像一般的素食餐廳一樣，樓下是大眾化的素麵部，供應一般的麵食點心和素滷；樓上是比較高檔的餐廳，還有華嚴廳、玉佛廳、普陀廳、九華廳、峨嵋廳、五台廳，很有一點佛味，菜色精美道地，十分可口。大眾在此用過晚餐，轉到外灘看上海的建築，東方明珠、和平飯店、民初十里洋場的風華果然不同凡響。

觀世音菩薩是誰？

觀世音菩薩的名號和其慈悲救世威力，深入人心已達千年之久，每當提起觀世音菩薩，就和「慈悲」劃上等號，慈悲特質與中華文化的仁義道德傳統特別相契，因此在中土，觀音菩薩幾乎可以說是無人不知、無人不曉，正是所謂的「家家彌陀佛，戶戶觀世音」。平時，早晚一柱香祈求平安，每當有大難臨頭時也總不忘呼叫「觀音菩薩保佑」，祈求度過難關。觀音菩薩也發揮了「聞聲救苦」、「千處祈求千處應」的偉大功德，圓滿眾生的願。觀世音菩薩跟我們這個世界特別有緣，不論是印度、西藏、中國、韓國、日本、越南，乃至於東南亞各國，只要有佛教的地方，幾乎就有觀世音菩薩的身影。供奉觀世音菩薩，一則見賢思齊，學習菩薩慈悲精神，二則觀音慈悲的特質已深入中國文化中，和生活密不可分。

慈悲化身

在成佛道上，菩薩的修行可以歸納為悲、智、願、行四種修行特色，觀音是其中「悲」的代表。他慈悲度眾生、尋聲救苦的事蹟，散見《法華經》、《華嚴經》及《楞嚴經》等多

■繪圖／宓雄

處大乘經典。

　　慈的含意為「予樂」、悲的意義是「拔苦」，觀世音菩薩的願力就如同眾生的母親，〈普門品〉：「具一切功德，慈眼視眾生；福聚海無量，是故應頂禮。」具有無私的愛與無我的願力，愛一切眾生如自己的子女一樣，自他不二。太虛大師曾說因為觀世音菩薩具有般若智慧，照見身心五蘊皆空，無私無我，救苦救難。一般人執自己的身心世界為我、我所有，有自、有他、有人的分別，不能夠無私。菩薩能照見五蘊皆空，則人我、是非皆能消除，真正做到無人無我，以眾人苦難為苦難，成就無緣大慈、同體大悲的願力。

　　大悲是觀世音菩薩的表徵，因此觀世音菩薩又被稱為大悲觀世音。據《根本說－有毘奈耶雜事》卷二說：「世尊於一切時，觀察眾生，無不聞見，無不知者，恒起大悲，饒益一切。晝夜六時，常以佛眼觀諸世間，於善根處，誰增誰減？誰遭苦厄？誰向惡趣？誰能受化？作何方便，拔擠令出，以大悲心觀世間眾生，是佛的不共功德。觀世音菩薩，現身說法，大悲救苦，與佛的功德平等，時時刻刻以拔除眾生的痛苦為己任。」

觀音的名號

觀音菩薩在梵文中稱為「阿縛盧枳帝濕伐邏」〈Avalokitesvara〉，竺

法護譯爲「光世音」，鳩摩羅什譯爲「觀世音」，在中國《妙法蓮華經》〈普門品〉成爲信仰觀音的必讀課誦本，沿用鳩摩羅什舊譯稱「觀世音」，簡稱觀音。Avalokitesvara原來是由兩個梵文組成，Avalokita＋isvara，Avalokita意思爲「觀看、照見」；isvara則是「自在」。因此此字譯爲「在觀看上自在者」。觀是指能觀的智慧，世音是指所觀的境，能所圓融無罣無礙；從究竟義來看其意思是：「觀有不住有，觀空不住空，聞名不住於名，見相不惑於相。」

　　爲什麼叫觀世音？這個名稱，是從自利利他兩方面來解釋，說明了菩薩自己修行的功夫和救度眾生的方便。

　　《悲華經》中，寶藏如來說：「善男子！汝觀人天及三惡道一切眾生，發大悲心。欲斷眾生諸煩惱故，欲令眾生住安樂故。善男子！我當字汝爲觀世音。」

　　從自利來看，在《楞嚴經》中說：「恒沙劫前，有佛住世，名觀世音。由我所得，圓通根本，發妙耳門，然後身心，微妙含容，周遍法

千手千眼
觀世音菩薩

■繪圖／宓雄

界。當時觀世音如來，在大會中，爲我授記觀世音號。由我觀聽十方，圓明無礙，如聲逾垣，如月印水，有感必應，故觀世音之名遍聞十方世界。」

一切眾生，向外分別聲聞，生毀譽心，起貪瞋痴，造淫殺業，受三途苦。菩薩耳根不向外聞，返聞耳根能聞的聞性。觀音菩薩由自利的耳根圓通法門，到達圓滿利他的平等無二的悲心，將空悲雙運發揮到極致。

《楞嚴經》：「於時有佛出現於世，名觀世音。我於彼佛，發菩提心，彼佛教我，從聞、思、修入三摩地。初於聞中，入流亡所；所入既寂，動靜二相，了然不生。如是漸增，聞所聞盡，盡聞不住，覺所覺空，空覺極圓，空所空滅，生滅既滅，寂滅現前。忽然超越，世出世間，十方圓明，獲二殊勝：一者、上合十方諸佛，本妙覺心，與佛如來同一慈力。二者、下合十方一切六道眾生，與諸眾生同一悲仰。」

菩薩是梵文，完整的名稱是菩提薩埵。菩提的意思是「覺」；薩埵，則是「有情」，菩提薩埵，就是覺有情，菩薩就是「上求佛道，下化眾生」自利利他的發大心者。唐玄奘法師在《大唐西域記》中提到，觀世音應譯爲觀自在，舊譯「光自在」、「觀自在」或「觀世自在」皆是訛謬。觀世音

這個譯名早在三世紀時，月氏國高僧支謙翻譯《無量壽經》便出現，但到五世紀時，鳩摩羅什翻譯《妙法蓮華經》〈觀世音菩薩普門品〉，觀音救苦救難的信仰逐漸傳揚。玄奘法師糾正了以往舊譯的錯誤，在長安進行大規模的重譯工作，將觀世音改為「觀自在」，因此翻出的《心經》是：「觀自在菩薩，行深般若波羅蜜多時....」不過至今，觀世音或觀自在的名號都已是家喻戶曉。

觀世音菩薩的相好

根據《佛說觀無量壽經》記載，觀世音菩薩的相好如下：

身長：八十萬億那由他由旬

頭頂：有肉髻

冠：毗楞伽摩尼寶為天冠，天冠中有立化佛，高
　　二十五由旬。

面：閻浮檀金色

眉間毫相：各七寶色，流出八萬四千種光明，一
　　　　　一光明，有無量無數化菩薩的為者，
　　　　　變化自在，滿十方界。

觀世音菩薩名號篇

1. 大悲聖者：出自《觀世音菩薩授記經》
2. 施無畏者：出自《楞嚴經卷六》、《普門品》
3. 圓通大士：出自《楞嚴經》
4. 大精進觀世自在：出自《大日經》
5. 大悲大慈主：出自《觀音儀軌》
6. 千光眼：
　　出自《千手千眼無礙大悲心陀羅尼經》
7. 正法明如來：
　　出自《千手千眼無礙大悲心陀羅尼經》
8. 普光功德山王如來：
　　出自《觀世音菩薩授記經》
9. 遍出一切光明功德山王如來：《悲華經》

項：項有圓光，四周各有千由旬，圓光中有五百化佛，爲釋迦牟尼。一一化佛，有五百化菩薩，有無量諸天，以爲侍者。

臂：如紅蓮花色，有八十億微妙光明以爲瓔珞，其瓔珞中，普現一切諸莊嚴事。

手掌：作五百億雜蓮花色。

手指：手一指端，各有八萬四千畫，猶如印文。一一畫中，有八萬四千色；一一色中，有八萬四千光，其光柔軟，普照一切，以此寶手，接引眾生。

舉足：舉足時，足下有千福輪相，自然化成五百億光明。

下足：下足時，有金剛摩尼華，布散一切，莫不彌滿。

根據《楞嚴經》記載，觀世音菩薩獲得耳根圓通，能使見聞知覺渾然圓通，交撤互用，爲一爲多，隨意自在，能現無數妙容，能說無邊神咒。

「一者，由我初獲妙聞心，心精遺聞，見聞覺知不能分隔，成一圓融清淨寶覺，故我能現眾多妙容，能說無邊秘密神咒，其中或現一首三首五首七首九首十一首，如是乃至一百八首、千首萬首、八萬四千爍迦羅首；二臂四臂六臂八臂十

臂十二臂，十四十六十八二十至二十四，如是乃至一百八臂、千臂萬臂、八萬四千母陀羅臂；二目三目四目九目，如是乃至一百八目、千目萬目、八萬四千清淨寶目，或慈或威，或定或慧，救護眾生，得大自在。」

觀音菩薩的誓願

《千手千眼觀世音菩薩廣大圓滿無礙大悲心陀羅尼經》說：「觀世音菩薩已於過去無量劫中，已作佛竟，號正法明如來。大悲願力，爲欲發起一切菩薩，安樂成熟諸眾生故，現作菩薩。」

《法華經》〈普門品〉說：「以何因緣名觀世音？……若有百千萬億眾生，受諸苦惱，聞是觀世音菩薩，一心稱名，觀世音菩薩，即時觀其音聲，皆得解脫。」這就是指觀世音菩薩尋聲救苦，當我們遭受到苦難的時候，虔誠地念觀世音菩薩聖號，觀世音菩薩一定會慈悲地來救度我們，這就是從菩薩利他方面來安立名稱，叫做觀世音。因此觀世音菩薩雖示現爲菩薩，但久遠劫來，早已成就佛道，爲了救度各形各類的眾生發願隨類現形，尋聲救苦，應以何身得度者，即現何身而爲說法，千處祈求千處現。

不眴王子的誓願

另外，《悲華經》也記載，在過去時劫中，觀世音菩薩爲王太子時，曾發誓度眾：當阿彌陀佛還是轉輪聖王的時候，觀世音菩薩爲此王的第

一太子，名為「不眴」。當時寶藏佛為轉輪王授記，將來將成為阿彌陀佛，不眴太子便上前發大心，稟白佛說：願我行菩薩道的時候，若有眾生遭受到種種苦惱恐怖等事，退失了追求正法的信念和力量，墮落到沒有光明的大黑暗處，身心不安、憂愁孤獨、貧窮困苦的時候，如果能夠憶念著我，稱念我的名號，求救的音聲被我天耳所聞、被我天眼所見，若我不能令受苦的眾生免受其苦，終不成就菩提佛果。

當時寶藏佛聽到不眴太子的誓願，馬上為他授記說：「善男子，汝觀人天及三惡道一切眾生，生大悲心。欲斷眾生諸煩惱故，欲令眾生住安樂故。善男子，我當字汝為觀世音。」

成佛的授記

據《觀世音菩薩·得大勢菩薩受記經》云：在無量劫以前，有世界名叫「無量德聚安樂示現」，有佛為「金光獅子遊戲如來」，其時有一國王名叫威德，他虔誠奉事如來，聽佛說法。在他的園林樓觀當中，國王入於三昧禪定的時候，在國王左右有兩朵蓮華，從地裏湧出，有兩位童子，化生於蓮華之中，一名寶意，一名寶上，與威德王一起前往佛陀的座前，頭面接足頂禮世尊，聽佛說法。

■繪圖／宓雄

當時二童子請示佛：「以何供養名爲最勝？」佛言：「當發菩提心，廣濟諸衆生，是爲第一供養。」於是兩童子就在佛前俱發菩提心及廣濟衆生的宏願，後來寶意童子即修證成爲觀世音菩薩、寶上童子修成爲大勢至菩薩。

　　一切衆生清淨無垢，悉皆具足最上勝妙的喜樂，出生在正知正見的佛法當中，總持一切諸佛法藏。當時的威德王就是釋迦牟尼，而那時的兩位童子，就是現今的觀世音、以及得大勢菩薩摩訶薩。

　　此二位大菩薩，於金光師子遊戲如來面前，初發阿耨多羅三藐三菩提心。將來無量久遠不可計數時劫之後，阿彌陀佛入涅槃、極樂世界正法時期滅盡之後，觀世音菩薩接著成就無上正等正覺，名號「普光功德山王如來」，國土世界名稱「衆寶普集莊嚴」；乃至於普光功德山王如來入涅槃後，正法滅盡之後，得大勢菩薩即在此國土，圓滿成就無上正等正覺，名號：「善住功德寶王如來」。

　　觀世音菩薩爲了幫助阿彌陀佛和釋迦牟尼佛度化衆生，於是倒駕慈航，再來做菩薩，將來成佛，稱爲普光功德山王如來，這是觀世音菩薩未來成佛的聖號。

觀音自分自身

《大悲心陀羅尼經》中，千手千眼觀世音菩薩說明自己身生千手千眼的來源：

那是在無量劫以前，也就是觀世音菩薩的過去生中，曾經有一位千光王靜住如來住世，當時，千光王靜住佛爲了憐念我及爲一切眾生，爲我說〈廣大無礙大悲心陀羅尼咒〉，並以金色手摩我的頭頂，諄諄教誨我說：「善男子，汝當持此心咒，普爲未來惡世一切眾生作大利樂。」

當時我只是一個初地菩薩，一聽聞此〈廣大無礙大悲心陀羅尼咒〉後，立即超第八地，成爲不退轉菩薩。我非常歡喜，就在佛前發誓：「若我當來堪能利益安樂一切眾生者，令我即時身生千手千眼。」當時我的身上瞬間生出千手千眼，此後，我以千手千眼之身和〈大悲咒〉隨時隨地度化眾生，並發十大願，令一切眾生遠離一切煩惱災難痛苦，得到究竟安樂：

一、爲諸眾生得安樂故

二、除一切病故

三、得壽命故

四、得富饒故

五、滅除一切惡業重罪故

六、離障難故

七、增長一切白法諸功德故

八、成就一切諸善根故

九、遠離一切諸怖畏故

十、速能滿足一切諸悉求故

在藏傳佛教中，還有一個千手千眼觀世音菩薩的動人故事，觀音菩薩在初始地時發菩提心，為救度眾生，不辭千辛萬苦，但眾生的習氣剛強，救不勝救，菩薩在感到絕望時，過去所發的菩提道心也退轉了，結果立時首腦碎為十塊，身手也碎做千片。

觀音菩薩的老師--阿彌陀佛，因不忍其悲心退轉，勸觀音菩薩不應退道，應為眾生浩蕩赴前程，將其碎首合為十面，頂上再加自己的首，化成十一面，再將千片身合成千手千眼，觀世音菩薩因為老師給予的信心，從此頂戴上師，繼續廣度有情。

可見，在娑婆世界，觀察世間一切苦難音聲，以慈悲之手救度，「觀一切眾生，欲斷其苦」就是觀世音菩薩的主要願力。而觀世音菩薩度眾生的廣大願力與積極度，尤其令人感動。

阿彌陀佛的最佳助手

依照《悲華經》所說，觀世音菩薩是西方極樂世界一生補處的法身大士（註：阿彌陀佛滅度，接續其後成佛者），也就是阿彌陀佛

　　佛位的繼承人，現於西方極樂世界，和大勢至菩薩是阿彌陀佛的左右手，西方三聖之一，另外也有說觀世音菩薩是阿彌陀佛的化身。

　　在《阿彌陀經》、《觀世音授記經》也說觀世音菩薩是西方阿彌陀佛的脅侍，常住極樂世界，以阿彌陀佛爲師，輔佐教化眾生。觀世音菩薩於寶冠中戴阿彌陀佛，若有眾生臨命終時願生極樂，觀音菩薩與諸聖眾皆來接引往生。

　　《佛說觀無量壽佛經》：「此二菩薩，助阿彌陀佛普化一切。對上品上生、上品下生的人，阿彌陀佛、觀世音菩薩及大勢至菩薩，分別執金剛台、紫金台、金蓮花，至行者前。

　　阿彌陀佛，放大光明照行者身，與諸菩薩，投手迎接。觀世音、大勢至，與無數菩薩，讚歎行者，勸進其心。行者見已，歡喜踊躍，自見其身，乘金剛台，隨從佛後，彈指間，往生彼國。

　　至於中品下生，下品上生，下品中生，下品下生的人，由觀世音菩薩，大勢至菩薩，放大光明，至行者前，爲說大乘甚深經典。聞已信解，發菩提心，即得往生極樂世界。」

　　這說明上品者，由西方三聖，一齊去接引；中品下生以下的四種人，則由觀音和大勢兩位菩薩接引。由此可知，接引眾生

往生西方極樂世界，是觀世音菩薩協助阿彌陀佛的主要工作任務。

另外，就往生極樂這個願力來說，提到《佛說大乘莊嚴寶王經》：「於此世界若有人想觀自在菩薩摩訶薩名者，是人當來遠離生老病死無常之苦。猶如鵝王，隨風而去，速得往生極樂世界，面見無量壽如來聽聞妙法。如是之人，永不受輪迴之苦，無貪嗔痴，無老病死，無餓飢苦，不受胎胞生身之苦，承法威力，蓮花化生，常居彼土。」

又如有人送持觀音陀羅尼法門，也可得生極樂世界，如《佛說十一面觀世音菩薩神咒經》說：「持此咒者，

現身復得四種果報。何種為四？一者臨命終時，得見十方無量諸佛，二者永不墮地獄，三者不為一切禽獸所害，四者，命終之後，生無量壽國。」

除眾生的十八種恐怖

《華嚴經》中，善財童子經歷百城煙水，參訪五十三位善知識，其中第廿八位善知識，就是參訪觀世音菩薩。童子問觀世音應如何學菩薩行？觀世音菩薩對他說：「菩薩應學的法門無量無邊，但在這無量無邊的法門中，我修學的是大悲行解脫法門。」

觀世音菩薩說：「我住此大悲行門，常在一切諸如來所，普現一切眾生之前，

1. 或以佈施、愛語、利行或同事攝取眾生

2. 或現色身或種種不思議色淨光明網攝取眾生

3. 或為化現同類之形與其共居而成熟之。

善男子，我修行此大悲行門，願常救護一切眾生，願一切眾生遠離十八種怖畏：

1. 離險道怖

2. 離熱惱怖

3. 離迷惑怖

4. 離繫縛怖

5. 離殺害怖

6. 離貧窮怖

7. 離不活怖

8. 離惡名怖

9. 離於死怖

10. 離大衆怖

11. 離惡趣怖

12. 離黑暗怖

13. 離遷移怖

14. 離愛別怖

15. 離冤會怖

16. 離逼迫身怖

17. 離逼迫心怖

18. 離憂悲怖。」

觀世音菩薩又說：「願諸衆生若念於我、若稱我名、若見我身，皆得遠離一切怖畏。因為這些誓願，再教衆生發起無上菩提心，永不退轉。」

◎心道法師開示

如何修持觀音法門？

觀音菩薩聞聲救苦的慈悲願力，早已在芸芸眾生的心中，紮下深根；而相關的《普門品》、《心經》、〈大悲咒〉和〈六字大明咒〉更是大眾耳熟能詳的觀音法門，可說是學佛的必修課程，也是與菩薩悲願相應的修持途徑。

《華嚴經》說：善財童子參訪觀世音菩薩時，請問應云何學菩薩行？觀世音菩薩對他說：菩薩應學的法門無量無邊。但在這無量無邊的法門中，我是修學大悲行解脫法門。大悲是觀世音菩薩的特色，被稱為大悲觀世音，大悲是佛具有的不共功德。觀世音菩薩平等視一切眾生，隨時都以解決眾生的痛苦為己任。《根本說一有毗奈耶雜事》卷二說：「釋尊於一切時觀察一切眾生，無不聞見，無不知者，恆起大悲饒益一切。」晝夜六時，常以佛眼觀諸世間，於善根處，誰增誰減。誰遭苦厄，誰向惡趣，誰能受化？作何方便、拔濟令出？大悲觀世間眾生是佛的不共功德，觀世音菩薩現身說法，大悲救苦，與佛的功德是平等無別的。

心經‧般若法門的精髓

《心經》就是心要走的路，它能指引我們如何找到真正的自

己。我們的生活經常忙碌不休、輪迴不已，為了彌補這種情況，所以尋求佛法，找一個能夠讓心休息、安定的地方。《心經》就是觀世音菩薩找心的方法，也是「般若法門」的精髓，三世諸佛都是依這個空性的道理，而證得無上正等正覺，它是一條尋找真心的捷徑。

《般若波羅蜜多心經》就是達到空性的心路歷程，「般若」就是智慧的彼岸、空性的心路，是我們的自性、佛性、覺性，也是「空」的意思。「波羅蜜」就是到達解脫的地方，瞭解《心經》就能得到解脫，離苦得樂。「觀自在菩薩」是觀世音菩薩的名號，也就是觀察、看到自在的菩薩。「行深」就是實踐，常常實踐、觀照般若波羅蜜多，才能看到我們的行為、思想，都是空性的，空性就是宇宙不變的真理，進而才能解脫內心的執著，度一切苦厄。深切地實踐般若波羅蜜多的時候，才能看到「五蘊皆空」，五蘊就是色、受、想、行、識五種組合，這五種組合後就被稱為「我」。

每一個人都覺得有一個「我」，「我」是怎麼形成的呢？首先，我們看到色相，接著產生感受，有感受就有想法，有想法就有行為，有行為以後就去分別，人就是有這五樣，所以稱為「妄」，又稱「我執」。我要做什麼、我在煩惱、我要穿好的衣服、我要一部好車、我要一棟樓房⋯人家跟我說什麼，我會聽、我會感受，如果不懂得觀空，就會受到五蘊的災難。

什麼是空呢？我們看到的色相，是短暫的；我們的想法、感受、行

為，也是不長久的：我們的認知，也是短暫無常的。靈魂離開身體之後，就忘了這五蘊，只有「識」去輪迴，就像作夢一樣。「五蘊」就是我執，代表一個人的變化，如果看不破，就會煩惱，唯有觀五蘊皆空，才能離苦。「舍利子，色不異空，空不異色」，觀世音菩薩對舍利弗解說空的道理，也就是宇宙的道理，宇宙的道理就是精神和物質的作用。物質由起心動念而來，如果不起心動念，什麼事都沒有，一起心動念，什麼事都來了，所以一切的「有」，是由心變出來的，心會造作因果，所以才有「緣」的出現。

「色」就是物質，物質是短暫、因緣和合的，因為因緣和合是短暫的，是空的，所以色是空。為什麼空中有色呢？因為空裡頭會有緣起，例如這裡本來沒有桌子、沒有人，這屋子的空裡面，有了桌子、有我們大家、有日光燈…，這個空裡面就有顯色，但是這個色不長久，又會變成空了。色會變成空，空會顯示色，色會變成空，空會變成色，所以色跟空是一樣的。人活在世界上，就是「色」，一旦死亡，「色」就變成「空」了；但是空以後又會變成色，又出生了，像我們的小孩就是轉世投胎，又變成色出來，生就是死，死就是生，所以空跟色，是同一個東西。

心如何才能自在呢？要空掉色、受、想、行、識這五蘊，破除「我執」，心才能解脫，才不會生死。地球會毀壞，世上種種萬物都會毀壞，但是空本來存在，不會毀壞，所以不生不滅、不垢不淨、不增不減。如果沒有「空」的觀念，就會有種種生死、無常、好壞、煩惱的想法。我們的靈性「無眼、耳、鼻、舌、身、意」，因為有看的慾望，所以長了眼睛；因為有聽的慾望，所以有耳朵；因為要聞各種味道，所以長了鼻子；因為要嚐味道，所以有舌頭；因為要表現，所以有一個身體出來；因為要想事情，所以有意識。五蘊由慾望而來，心生種種法生，心滅種種法滅，佛性常存不壞，它會壞是因為有眼、耳、鼻、舌、身、意，這就是生滅。有了慾望，所以生出種種現象，有了現象，就有生滅，有生滅就有煩惱、計較。煩惱是我們自己生的，如果沒有想到煩惱，煩惱就煩惱不了我們。當我們「無眼、耳、鼻、舌、身、意」的時候，相對的，也就「無色、聲、香、味、觸、法」，不會接觸到那種感覺，不會想到種種法，當我們達到空之後，這些也都空了。

　　「無眼界，乃至無意識界」，如果有眼界，就是有限的空間。當我們達到空的理念與證量時，就會出現「無眼界」的真理，所看到的一切都是無限量的空間，意識不會在現象中生滅、流轉。「無無明，亦無無明盡」，為什麼會有煩惱，會生死呢？那是因為「無明」。無明，就是對世間的變化不瞭解、對我們的想法不瞭解、對種種發生的事不瞭解，不知生從何來、死往何處去，所以會迷惑、無明。當你瞭解空、證到空的時

候，就破無明了，當無明斷盡，也就是不再產生無明的時候，這樣就沒有生死了。

沒有無明、老死的問題時，這些「苦、集、滅、道」的問題也解決了，所以在空性裡面，沒有生死，也沒有苦、集、滅、道。學佛要開智慧，當證到佛性時，就會發現智慧本自具足，也不需要再去開了。「無智亦無得，以無所得故」，因為觀空的關係，所以得到空的瞭解，這時沒有智慧的煩惱，也沒有得不得的煩惱，因為內心一切皆空，所以內心無所得。

「菩提薩埵」就是覺悟的菩薩、覺悟的修行人，因為他實踐般若波羅蜜多，所以心沒有罣礙，因為無罣礙的緣故，所以「無有恐怖，遠離顛倒夢想」。

人還沒有學習到佛法以前，還沒有認識空性以前，做的事情經常不合乎因果，不合乎真理，心有種種夢想，夢想就是不實際的想法。在生活中，心沒有落實，所以會妄想，妄想就會執著、貪戀、煩惱、生死。因為實踐般若波羅蜜，觀照一切無常，所以心無罣礙，因為無罣礙的關係，所以做事情不會顛顛倒倒的，也不會有不實際的想法，這樣才能「究竟涅槃」，也就是圓滿寂靜的實相。

「三世諸佛」，過去、現在、未來無量無邊的諸佛，都是依

照這個原則，得到正等正覺。般若波羅蜜多也叫做空性，這個空性能夠讓人產生很大的力量，斷除煩惱的力量，是「大神咒」；這個道理，是非常珍貴無上的，「是無上咒，是無等等咒」，它能讓你明白宇宙的道理、破除無明、了脫生死。若能依照《心經》的路徑走，信受奉行，就能「除一切苦」，這是真實而不欺誑的道理。

《心經》是整個佛法的濃縮，它告訴我們解脫之道，空掉內心的執著、病苦。上半段是告訴你《心經》的好處，下半段是告訴你《心經》的過程，你

越去觀照它，就越能開顯大智慧，把它背好、消化了，你就會懂得佛法，也懂得修行了。

普門品·持名法門

《法華經》是經中之王，〈普門品〉又是《法華經》中與我國最有緣的一品。其內容是說明觀世音菩薩尋聲救苦、隨類化身、普度眾生的法門為何。〈普門品〉早已成為單行本，普遍地在世間流傳，一般世俗稱它為《觀音經》，很多佛弟子將它作為日常修持的恆課。

中國常用觀世音來稱這位大菩薩，主要原因是由於《妙法蓮華經》第二十五品〈普門品〉的盛行，這本經由鳩摩羅什翻譯，文辭流暢、簡單易懂。盛行的原因，最早是在五胡亂華時代，北涼君王沮渠蒙遜害了一場大病，在群醫束手，百藥罔效之際，有一位來自印度的譯經法師曇無讖，當法師一見到沮渠蒙遜，就說他的病是「業障病」，不是普通的藥物可以醫好的，如果想要病好，必須誠心念誦《法華經》中的〈普門品〉，才能夠痊癒。沮渠蒙遜在病苦的絕望中，遇到了救星，馬上增強了求生的信心，便依照尊者的指示，虔誠地誦持《普門品》，不到七天，果然脫離病苦，不藥而癒。因此，不但國君

教令國人讀誦〈普門品〉，很多人也自動讀誦此經。〈普門品〉平易近人、長短適中，是人人可修，時時可修，處處可修，修行最彰著的法門。

　　觀世音菩薩隨類應現，應以何身得度者，即現何身而為說法，無求不應，〈普門品〉的內容重在觀音菩薩的化跡示現，對凡夫眾生在現實生活及實際苦難都可救濟。所以如果覺得遇到不平安、不順利的事就要常誦〈普門品〉，因為觀世音菩薩說有苦有難、只要念我的名號或是念〈普門品〉，我就會隨類化應，前往救濟。

　　現實生活中，眾生共有外在七難和內在三毒，有二求（男、女子嗣）乃至求一切福德願望，若能虔誠奉誦觀音名號，一定可以感得觀世音大慈大悲的願力，「千處祈求千處現，苦海常做度人舟」。觀世音菩薩隨類化應，應以何身得度者即現何身而為說法，〈普門品〉說：「觀世音菩薩以種種形遊諸國土，度脫眾生，是故汝等應當一心供養觀世音菩薩。是觀世音菩薩摩訶薩於怖畏急難之中，能施無畏，是故此娑婆世界皆號之為『施無畏者』。」

七難-1.火難；2.水難；3.暴風難；4.刀杖難；5.羅剎鬼難；6.枷鎖
　　　　難；7.怨賊難

三毒-1.貪；2.瞋；3.癡

二求-1.設欲求男，禮拜供養觀世音菩薩，便生福德智慧之男；
　　　　2.設欲求女，便生端正有相之女，宿植德本，眾人愛敬。

大悲心陀羅尼經‧‧大悲咒修持法門

　　大悲咒，出於《千手千眼廣大圓滿無礙大悲心陀羅尼經》，全名爲〈廣大圓滿無礙大悲心陀羅尼〉，簡稱〈大悲咒〉，共有八十四句。觀世音菩薩與〈大悲咒〉，有一段殊勝的因緣。在過去無量劫以前，有一位千光王靜住如來，特地爲觀世音菩薩宣說這一個大悲心陀羅尼咒。當觀世音菩薩一聽到這個神咒以後，頓時從菩薩的初地果位，超昇第八地，可見大悲咒功德之殊勝。

　　觀世音菩薩爲了堅定持誦〈大悲咒〉的信心，曾經在佛前發誓：

　　若諸眾生，誦持大悲神咒，不生佛國者，不得無量三昧辯才者；於現在生中，一切所求，若不果遂者，誓不成正覺！

　　如果有眾生讀誦、受持〈大悲咒〉，死後不能往生到十方諸佛的國土中，親近佛菩薩，獲得身心自在；或者是不能夠得到三昧無礙辯才；或者在現生中，所求無法滿足，觀世音菩薩就絕對不願成佛。

　　〈大悲咒〉雖然只有短短的八十四句，除了「娑囉娑囉」這一句意思是指我們這個五濁惡世之外，其餘的八十三句，代表了八十三位菩薩。如果能夠虔誠地持誦〈大悲咒〉的話，就有八十三位菩薩經常守護在我們身邊，衛護著我們，使我們消災、免難、祛病、延年，一切祈求，都能夠如意滿願。

發願文

　　持咒以前，要先發願利他，行菩薩道，才能與觀音菩薩相契合，讓我
們的內在聖化。

　　經上說：「欲誦持者，於眾生起慈悲心，先當從我發願：

南無大悲觀世音，願我速成一切法。
南無大悲觀世音，願我早得智慧眼。
南無大悲觀世音，願我速度一切眾。
南無大悲觀世音，願我早得善方便。
南無大悲觀世音，願我速乘般若船。
南無大悲觀世音，願我早得越苦海。
南無大悲觀世音，願我速得戒定道。
南無大悲觀世音，願我早登涅槃山。
南無大悲觀世音，願我速會無為舍。
南無大悲觀世音，願我早同法性身。
我若向刀山，刀山自摧折。
我若向火湯，火湯自枯竭。
我若向地獄，地獄自消滅。
我若向餓鬼，餓鬼自飽滿。
我若向修羅，惡心自調伏。
我若向畜生，自得大智慧。

發是願已，至心稱念我之名字，亦應專念我本師阿彌陀如來，然後誦咒。」

〈大悲咒〉就是觀音菩薩為利益眾生而持的滿願咒，若能深信不疑地誦持此咒，可得無量利樂，除滅身中百千萬億劫生死重罪；不過若對此咒生疑，就無法滅除任何微細罪業了。

持咒就是一種緣起，也是一種磁場。持此咒時，就是與觀音菩薩的磁場與頻道相應，圓滿福德與智慧的資糧。福報就是慈悲的事業，關懷眾生，成就菩薩道；智慧就是精神的解脫，消融煩惱，分析觀察一切的緣起無性。

誦持此咒，幾乎無願不成，除非所求是傷天害理之事。持咒要有至誠的信心、恭敬心及專注心，這樣必能有願皆成。

楞嚴經 -- 耳根圓通法門

這是用耳根修行的方法，出於《大佛頂首楞嚴經》卷六，由觀世音菩薩陳述自己悟道的詳細過程：

於時有佛出現於世，名觀世音。我於彼佛，發菩提心，彼佛教我，從聞、思、修入三摩地。初於聞中，入流亡所；所入既寂，動靜二相，了然不生。如是漸增，聞所聞盡；盡聞不住，覺所覺空；空覺極圓，空所空滅；生滅既滅，寂滅現前。忽然超越，世出世間，十方圓明，獲二殊勝：一者、上合十方諸佛，本妙覺心，與佛如來同一慈力。二者、下合十方一切六道眾生，與諸眾生同一悲仰。

持誦大悲咒的功德

得十五種善生：

1. 生處常逢善王
2. 常生善國
3. 常值好時
4. 常逢善友
5. 身根俱足
6. 道心純熟
7. 不犯禁戒
8. 所有眷屬恩義和順
9. 資財豐足
10. 扶接常得他人恭敬
11. 所有財寶無他劫奪
12. 意欲所求皆悉稱遂
13. 龍天善神恆常擁衛
14. 所生之處見聞佛法
15. 所聞正法悟甚深義

不受十五種惡死：

1. 不爲飢餓困苦死
2. 不爲枷禁杖楚死
3. 不爲怨家仇對死
4. 不爲軍陣相殺死
5. 不爲虎狼惡獸殘害死
6. 不爲毒蛇蚖蠍所中死
7. 不爲水火焚漂死
8. 不爲毒藥所中死
9. 不爲蠱毒害死
10. 不爲狂亂失念死
11. 不爲山林崖岸墜落死
12. 不爲惡人厭魅死
13. 不爲邪神惡鬼得便死
14. 不爲惡病纏身死
15. 不爲非分自害死

十種相貌：

1. 大慈悲心
2. 平等心
3. 無爲心
4. 無染著心
5. 空觀心
6. 恭敬心
7. 卑下心
8. 無雜亂心
9. 無見取心
10. 無上菩提心

禪修最重視師承，一定要有老師的教導，否則自己盲修瞎練，容易修出問題，走火入魔。「耳根圓通法門」是過去觀世音佛教授觀世音菩薩的禪修法。

寂靜修是利用耳根來修內心的寂靜，不管有沒有聽到聲音，用耳朵好好聽寂靜的聲音，「聽而不住」，這個竅門要抓住。聽了，聽了，聽了就了，有聲也了、無聲也了，就是利用耳根來做入門的地方。聽而不住，做久了，純潔的心、純善的心、單純的心就會呈現。

寂了就靜、靜了就寂，寂寂靜靜、靜靜寂寂，這兩個是下手功夫啊！寂靜修就是耳根專一的法門，聽內心寂靜的聲音，寂就是靜、靜就是寂，讓聲音進來，「聽而不住」。

修道最怕幻想，修道不是用頭腦想，而是用體會的，聽了就了，不是一個慾望一直想去聽，一直想去聽就沒有了，因爲執著去聽，「妄」就起來了，你會覺得煩，「聽而住」就是執著，「聽而不住」就不會覺得煩。

而一切的修法不離心性、不離般若、不離如幻，般若就是空性，在空性上安住就不會亂生妄想執著，自然而然可以契入本性。如果只是爲了修而修，修過頭就會有問

題了。

　　耳朵和眼、鼻、舌、身、意的作用－－聽、看、聞、嚐、感受，來源都是一樣的，我們本自具足的眞如實性，可以生起一切見聞覺知的作用，心性隨緣不變、用則隨緣，人人本有的靈性，不會隨著生起種種的作用而改變。修道者一旦證悟到般若自性，就可以悟後起修，自由自在生起無盡妙用，上則與諸佛同眞理，下則可以用無漏的大慈悲心，了知眾生無窮盡的苦難，幫助眾生離苦得樂。

　　觀世音菩薩過去在修耳根圓通時，功夫放在聽上，聽海浪的聲音，聽著聽著就入流亡所，所聽到的聲音，不管有沒有都叫做聲音，那些聲音到耳根就沒有了，只剩下聽，所就沒有了，就是說從哪一個方向來的聲音、什麼樣的聲音，一到耳根就寂滅了。所入既寂，到了耳朵就寂然不動，所聽的聲音和靜寂的覺受兩個都了然不生，到了動也不生、靜也不生。越聽越聽，時間久了，聞所聞盡，耳朵好像消融器一樣，到耳朵都滅盡，所以一切聲音聽了不住，不執著。到最後就覺了，只剩一個覺，覺所覺空，有一個空的感覺，這個感覺也空掉了。空跟覺同時出現，這時候沒有身體的感受，只有空和覺的極圓的籠罩。繼續聽下去，就是空所空滅，再來空的極圓可以空滅掉，這個時候，生滅既滅，寂滅現前，這就是我們要的東西啦！

首楞嚴義疏注經卷第十一　　出自《大正藏》第三十九冊

宋朝　長水沙門　子璿

初於聞中入流亡所。所入既寂。動靜二相了然不生。如是漸增。聞所聞盡。

入流猶返流也，初觀聞性，返照離緣，不隨前塵流轉起滅，故云入流亡所，所緣聲相由不隨故，寂然不起。起即是動，既亡動相靜亦不生，以動靜境是耳家所取。

今觀無性本無所有畢竟回得，故云了然不生，即所取無相也。圓覺云：應當遠離一切幻化虛妄境界，復增觀行。所緣既亡，聞相不起，此能聞相即是聞慧，能所俱寂，故云聞所聞盡，此遣聞慧也。一根既爾，餘根亦然。亦是前文此根初解先得人空也，圓覺云：心如幻者亦復遠離。

盡聞不住。覺所覺空。

盡聞之處即思慧為體，名之為覺，此之覺慧屬第六識，是則捨聞而觀於義，今亦不住此盡聞處，更進觀行。觀破此覺及所覺，聞二俱不立，故名為空。此遣思慧，即前文云空性圓明，成法解脫。圓覺云：遠離為幻亦復遠離。

空覺極圓。空所空滅。

覺空之處思慧既盡，唯與修慧相應，觀行增微修慧圓極，故云空覺極圓。

此能空修慧與所空覺亦俱不存。故云空所空滅。

此遣修慧，即是前文解脫法已俱空不生也。《圓覺經》云：離遠離幻

亦復遠離。

生滅既滅。寂滅現前。

生滅既滅，即結前三慧三空盡也。既展轉空俱屬生滅，至此已極，故云既滅，無生真理寂常妙性，了然明現，故云寂滅現前。故上文云，是名菩薩從三摩地入無生忍，此乃圓觀聞性，無前境界，漸澄麤念，稍除細想，以至無念。如上文云。靜深不動，沙土自沈，清水現前，名為初伏客塵煩惱。去泥純水，名為永斷根本無明，明相精純，一切變現不為煩惱，皆合涅槃清淨妙德，此即始從觀行至相似覺，名生滅位，入隨分覺證無生忍，名無生位。然此初證境界不可思議，與佛無殊。故經云：初心畢竟二無別。如是二心前心難，入此位後。心心寂滅，自然流入薩婆若海。此之觀門，即是圓修一心三觀。今為從聞思修返照離緣，顯自聞性，麤念不起，細念不生以至寂滅，挾空義說，是則一空一切空也，聞性顯處中道理現，名寂滅現前耳。

忽然超越世出世間。十方圓明獲二殊勝。

一者上合十方諸佛本妙覺心。與佛如來同一慈力。

二者下合十方一切六道眾生。與諸眾生同一悲仰。

前寂滅現前是斷德，本覺妙心是智德，慈悲二力是恩德。既是圓修，三德圓證。故超世間凡夫出世三乘，此最上乘，唯佛與佛乃能究盡也。十方圓明者，證此境界，見十法界三種世間，無不是如，無不成佛。圓故無德不備，明故無障不盡。無緣慈悲是佛心相，具足眾德是德之首。勝中勝法故云殊勝，本妙覺心即是己心，與諸如來無二圓滿。今日親證，故名為合，合故得樂，故同慈力。一切眾生亦是此心無二無別，故亦彼合。合故見其本成佛道枉自流浪，故可悲仰。自下現應拔苦，皆由此二而流演耳。

六字大明咒‧解脫六道苦法門

密教重要咒語，又稱觀世音菩薩心咒，梵語為Om mani padme hum，音譯嗡嘛呢貝妹吽，意為「皈命蓮華上之寶珠」。依密教所傳，此六字系阿彌陀佛見觀世音菩薩而嘆稱之語，被視為一切福德、智慧及諸行的根本，西藏地區家喻戶曉之真言，在漢族佛教地區也相當盛行。這條咒的意義就是開放心蓮，把心打開來可以看到不死的靈性、不死的光芒，這就是空性。

藏傳佛教寶典《Mani Kambum》曾詳述此六字的由來，過去有無量光佛，想要救濟世界庶民，而現觀自在菩薩之身，生於西方福德蓮華國的王苑蓮池。因生於蓮華上，故稱為蓮華生菩薩。此菩薩在無量無邊佛前發利益一切有情之大願時，從身上發出六道光明，救濟六欲界眾生，後又為普度苦海，而現一面千手千眼之相。

當時，無量光佛示導大慈悲者聖觀音藉此真言，以關閉六道生死之門：「嗡」能閉諸天之門，以白色表示；「嘛」能閉修羅之門，以青色表示；「呢」能閉人間之門，以黃色表示；「貝」能閉畜生之門，以綠色表示；「妹」能閉餓鬼之門，以紅色表示；「吽」能閉地獄之門，以黑色表示，此六字能令六道空虛，若要了解此六字，需反複誦持。

嗡嘛呢貝妹吽的故事

有一個「嗡嘛呢貝妹吽」故事，發生在中國西康和西藏交界的地方…

當時西藏有一位喇嘛，要到四川去，經過交界時，在空無人煙的荒郊野外，突然看到山頂大放光明，喇嘛知道山上有一位很了不起的修行人，就決定先去參訪他。

當喇嘛到達山上，發現只有一個孤苦無依的老婦住在屋裡，她感覺這一生太苦了，要怎樣才能夠解決這痛苦的人生呢？於是開始很用心地持念六字大明咒，這樣用功了三十年，後來只要每念一句咒，用來計數的豆子就自動地從這個瓶子跳到另外的一個。但她卻把「吽」念成「牛」，不過縱然是念錯，由於已經下了三十年的功夫，念時豆子依然跳過瓶去。

喇嘛除了深受感動外，同時也為她糾正：

「哎！老婆婆，你剛才念的『嗡嘛呢貝妹牛』，不是『牛』，應當念『吽』。」喇嘛說完就繼續趕路去了。

聽到喇嘛開示後雖然老婆婆很警醒地將咒語改念，但還是感到很沮喪，也念得不起勁了。

當喇嘛走到山腳下，回頭一看，發現山頂已經沒有發光了，他心中一驚：「哎呀！我害了這老婆婆。」連忙再折回山上跟老婆婆說：「老婆婆，剛才我說錯了，你念得對，我是跟你開玩笑的。」「你這位師父，怎麼可以開這樣的玩笑呢！」「我是為了要考驗你有沒有信心？現在我告訴你，你念得沒有錯，你就念『嗡嘛呢貝妹牛』吧！」

老婆婆聽了好歡喜，高高興興地念起她的「嗡嘛呢貝妹牛」，瓶子裡面的豆子也似乎又感應到老婆婆的歡喜虔誠，開始跳來跳去。喇嘛下山，再一看，又是毫光滿天，老婆婆的功夫又恢復如初。

所以，無論念阿彌陀佛、念觀世音菩薩也好，念嗡嘛呢貝妹吽也罷，只要有信心、有誠心去修，一定能日漸累積解脫的功力哦！

此外，北宋‧天息災譯《大乘莊嚴寶王經》，也藉由除蓋障菩薩的請問，說此明咒的由來與功德。經云，此明咒系觀音之微妙本心。釋尊於過去世，爲得此咒，遍歷微塵數世界，供養無數百千萬億，不可數多之如來，尚不能聞此明咒，後來聽說蓮華上佛知道這個明咒，才到彼如來處得聞之。六字大明咒在中國的流傳，起於元代，因爲蒙古人崇信喇嘛教，而由西藏傳遍漢地，直到清初，此咒才被收入《禪門日誦》所錄的十小咒內。

西藏人多將此六字大明咒刻於金石、木片等物之上，而立於路旁，或寫在布片上，掛在屋上，貼在水車、風車上，而令回轉不絕，或裝在小形圓筒上，一面持誦，一面回轉，彼等相信旋轉法輪之功德，得以了脫生死輪迴之苦。西藏人認爲六字眞言的功德殊勝無比，故每逢節期，大家就持誦不息，平時遇到困難，便持誦眞言。《佛說十一面觀世音菩薩神咒經》說：「持此咒者，現身復得四種果報——一者臨命終時，得見十方無量諸佛；二者永不墮地獄；三者不爲一切禽獸所害；四者命終之後，生無量壽國。」這都說明了觀音法門的歸趣，是導向淨土，使一切眾生永遠離苦惱，得安樂。

準提咒

　　準提菩薩，又稱為準提觀音，準提佛母。準提，是印度話，中國的意思是清淨。這是一尊能夠護持我們廓清內心的煩惱，並且能夠為短命的眾生延壽護命的菩薩。準提菩薩，無論是在中國，或者在日本，乃至斯里蘭卡等國家，都受到廣大信眾的信奉和崇拜。

　　依據《七俱胝佛母所說準提陀羅尼經》所記載：準提佛母全身都呈現黃白色的，在蓮花上結跏趺坐，也就是雙腿盤起來坐著，他的身上佩掛著圓光，真是相好莊嚴。在西藏和斯里蘭卡的準提菩薩，都是四臂像。但是為了適應我們眾生每個人的不同希求，準提菩薩就隨緣示現了種種不同的差別像：有兩臂、四臂、六臂、八臂、十臂、十二臂、十八臂、三十二臂、乃至八十四臂等種種形象。但是，一般所供奉的，還是以三目十八臂的佔大多數。在十八臂中，每一臂都拿著不同的法器，好像：數珠、法輪、寶瓶、金剛杵……等東西，而且都含著殊勝的意義。

　　準提菩薩所傳授的準提咒，具有「息、增、懷、誅」四種功德，可以增長一切善法、息滅一切災障、懷就是成就一切功德、誅除一切惡業；〈準提咒〉不僅是信奉密宗的教徒所熟悉，就是顯教的信徒，也是經常持誦的，而且列為佛門日誦的「十小咒」之一：

　　　　稽首皈依蘇悉帝　　頭面頂禮七俱胝
　　　　我今稱讚大準提　　惟願慈悲垂加護

　　南無颯多喃，三藐三菩陀、俱胝喃、怛姪他、唵、折戾主戾準提娑婆訶。

　　依《準提陀羅尼經》所記載，如果是生來薄福，沒有善根的眾生，能夠虔誠地持誦本咒，那就能夠在八識田中，生起菩提分的根芽，決定可以成就菩提果。我們要是能夠經常持誦準提神咒，也可以祈求聰明、諍論勝利、夫婦相敬相愛，獲得他人的敬愛。還有：求兒女、延命、治病、滅罪、降雨、脫離拘禁、遠離惡鬼惡賊等等的災難；並且可以得到諸佛菩薩的庇護，生生世世離諸惡道，不會墮落到惡趣裏而去，還可以很快的證得無上菩提聖果。總而言之，準提觀音，實在是一尊具足無量功德的大菩薩。

普門示現　超越男女相

在觀音讚中提到「三十二應遍塵剎，百千萬劫化閻浮」、「千處祈求千處應，苦海常作度人舟」，說起觀音菩薩應化救苦的事蹟，幾乎是人人都能道上一段。在唐朝以前的畫像，觀音菩薩留有鬍子，現的是男身相，宋以後則面容慈祥柔婉，現的是女身相。觀音菩薩的願力是「應以何身得度者，即現何身而爲說法」，觀世音菩薩早已超越世間男女相，唐宋前後造相之所以不同，是因爲不同文化的反應所致，例如南傳、漢傳、藏傳的釋迦牟尼佛造像，均有很大的差異，因爲不同的文化背景故。

中國境內最早出現的觀音造像，是東漢末年（二世紀末）四川彭山崖墓的搖錢樹陶座佛像，據俞偉超先生的研究，認爲此「一佛兩菩薩」造像，中坐的是釋迦牟尼，左右兩脅侍是觀世音菩薩和大勢至菩薩。公元三世紀月氏國高僧支謙翻譯《無量壽經》，其後月氏國高僧竺法護翻譯了〈觀世音菩薩普門品〉，觀音救苦救難的信仰逐漸傳揚。在《華嚴經》（第六十八卷）中，明白記載：「勇猛丈夫觀自在」，在唐朝以前，中國所有的觀世音菩薩的聖像，都是塑成男性的，完全是堂堂大丈夫的法

相，可是到了唐朝以後，就有女的觀音像了，觀音菩薩似乎和女性特別有緣，因為在中國社會女性的角色悲苦，委屈多而無處傾訴，經常只有默默往肚裡吞，無語問蒼天，如果有緣接觸到觀音菩薩，很快就成為精神上的信仰與依靠。

觀音信仰普遍於六朝時代

在隋朝以前，並未有朝拜觀音的聖地，大部分的聖地都是在宋朝建立的。靈驗故事與朝聖傳統息息相關，聖地的建立也因它而起，而觀音信仰也才能在中國真正生根。從歷史上來看，觀音信仰的逐漸普遍化，始於六朝（公元222—589），已被人們普遍供養，到了唐朝更是婦孺皆知，這些從許多靈驗記中可得到證明。中國隋唐時代及日本的觀音相，就多蓄鬍鬚，現男相，而今流傳民間的觀世音菩薩塑像，則都現女相，以其柔和愛語的母性特質，代表菩薩憫念眾生的慈悲心腸，也因此民間百姓對觀音，總有著無限的情感與期盼，每當心中有任何的痛苦、委屈，也自然習慣地向觀世音菩薩訴苦。

觀音靈驗記

觀音信仰最早及最著名的經典，是六世紀的《高王觀音經》。描寫孫敬德在公元535—537年防守北疆時，他每天虔誠禮拜觀音，後被誣陷入獄判死刑。有天晚上，向觀音衷心祈求後，夢見一位僧人允諾救他，只要他把這位僧人口述的經文背誦一千次。在他抵達刑場時，唸完最後的

一百次，當劊子手的刀砍下時，他竟奇蹟似的沒有受傷，而那把刀卻斷成三片，劊子手又換了二把新刀，同樣的事又發生了。高歡皇帝知道這件事後就赦免了他，且大力推廣這部經，當他回去時，看到觀音脖子上有三道刻痕，看起來好像被刀子割到一般。

根據玄奘大師傳中記述，他有多次祈求觀音靈感的經驗，例如：西域之行時，經過八百里流沙河的時候，上無飛鳥，下無走獸，妖魔鬼火之多，猶如天上的繁星，不知遇到了多少惡鬼邪妖，在他前後纏繞，他都以念《心經》而遣散了這些魔鬼的作祟。

當他出了玉門關，晚宿沙漠中，隨從他的胡人忽起變心，拔刀指向玄奘三藏，玄奘即時誦經念觀世音菩薩，胡人見了頓失殺心，又睡了下去。玄奘正在橫度八百里流沙，亦即是莫賀延磧的時候，經過了五天四夜的沙漠旅行，未得滴水可飲，他和他所騎的馬，均因缺水而倒臥在沙漠之中，奘師便在心中默禱觀世音菩薩，他說：「玄奘此行，不求財利，無冀名譽，但為無上正法來耳，仰惟菩薩，慈念群生，以救苦為務，此為苦矣，寧不知耶？」禱告之後到第五夜半，忽然吹起一陣涼風，身心無比舒暢，疲憊的身軀在不知不覺中，就矇矓入睡了。此時，

忽見一身高數丈的護法神，手執戟，身著盔甲，大聲喝道：「為什麼不提起精神趕路，還臥倒在沙土中？」大師被突來的聲音驚醒，睜開眼睛一看，原來是南柯一夢。大師於是急忙起身，繼續趕路，大約走了十里路左右，馬兒突然不受控制，向前狂奔數里路，眼前出現方圓數畝的青草地及一池清水，仔細端詳茂密如茵的青草，葉嫩如洗，像似新生。大師心想，應是自己至誠的祈禱，感得觀世音菩薩慈悲救護，特為化現。

有些靈驗記敘述信徒看見觀音的形象，然後請畫家根據所見造畫，公元408年郭宣因被誤抓入獄，他一心不二地向觀音祈求。有天晚上入睡前，看到觀音現身面前，明亮的光芒充滿了整個屋子，最後他被赦免了。離開監獄後，他請人依所見作了一幅畫，並蓋了一間廟宇來供奉祂。

各種《普陀山志》的版本，都在卷首敘述靈驗故事，如北宋時，王舜封出使韓國三洲，當船抵達普陀時遇到暴風雨，一隻大海龜游到船下，使船無法前行，那時情況緊急，王舜封非常恐懼，跪向潮音洞向觀音祈求，突然間就看到一道燦爛的金光，然後身戴瓔珞的觀音以「一輪滿月」之姿從洞穴中浮現，王所見到的應是當時流行的「水月觀音」形象。

大約此時，信徒開始視觀音為女性，史浩於一一四八年來到島上，觀音出現在潮音洞，極大的光芒照亮整個山洞，史浩可以清楚地看到觀音的眼睛和眉毛，他形容觀音的牙齒「白如玉」，明白地指出觀音是女性。

從十二世紀開始，白衣觀音現身的次數增加了，開始有隨伴——善財、龍女，他們是南海觀音形象的特有人物。一二六六年范大尉患眼疾之苦，派兒子到潮音洞祈求，當他用從洞穴中汲取的泉水洗眼睛後，眼疾就痊癒了，他兒子回洞穴向觀音致謝時，看到觀音身著白衣，善財陪伴在側。

十年後，元朝的哈里弋將軍到潮音洞前膜拜，因沒看到什麼，便拿起箭朝洞內射去，等到上船準備回去時，大海突然佈滿了水蓮，他因害怕而回到洞前懺悔，不到一會兒，他看到善財隨著觀音優雅地走過。後來他請人將這影像畫下，並在洞穴上方蓋了一間觀音寺。一三三五年，劉仁本來到普陀時，也在洞穴前看到觀音的影像，他形容觀音的長相，和他看到過的圖像中畫的一模一樣。

普門示現應化身

太虛大師說：「清淨為心皆普陀，慈悲濟物即觀音」。「清淨為心」，假使我們每個人心裡面都是很清淨的，一點歪邪的念頭都沒有，完全是大慈大悲救苦救難的心腸，這就是菩薩，這個內心就是道場了。〈普門品〉說，觀世菩薩有以善、惡三十二應化身，應以何身得度者，即現何身而為說法，自由自在的變身及說法，方便教導，遊

	法華經　普門品		楞嚴經　觀音圓通章	
三聖	佛身		四聖	佛身
	辟支佛身			獨覺身
	聲聞身			緣覺身
				聲聞身
六天	梵王身		七天	梵天身
	帝釋身			帝釋身
	自在天身			自在天身
	大自在天身			大自在天身
	天大將軍身			天大將軍身
	毘沙門身			四天王身
				四天王國太子身
四身 人界佛教徒	比丘身		四身 人界佛教徒	比丘身
	比丘尼身			比丘尼身
	優婆塞身			優婆塞身
	優婆夷身			優婆夷身
徒五身 人界非佛教	小王身		徒五身 人界非佛教	有道君王身
	長者身			長者身
	居士身			居士身
	宰官身			宰官身
	婆羅門身			婆羅門身
四身 人界婦女	長者婦女身		人界婦女身	國家女主人
	居士婦女身			
	宰官婦女身			
	婆羅門婦女身			
二身 幼童 人界	童男身		二身 幼童 人界	童男身
	童女身			童女身
八種非人身	龍身		六種非人身	龍身
	夜叉身			藥叉身
	乾闥婆身			乾闥婆身
	阿修羅身			阿修羅身
	迦樓羅身			緊那羅身
	緊那羅身			摩睺羅伽身
	摩睺羅伽身			
	執金剛神身			

三十二應身對照表

於娑婆世界，其形象千變萬化，訴說不盡，稱為普門示現。

觀音菩薩為了度化不同根器的眾生，化現不同類別的身分，在普陀山的一些寺廟中，觀音寶殿的兩側，有時會放置三十二應身的雕像，此三十二應身亦即觀音菩薩的化身，分別是：聖者身、天身、人身、非人身。

觀世音菩薩是如何獲得三十二應的？《楞嚴經》記載，觀世音菩薩因修行耳根圓通，證入諸法實相，得三十二應，得入諸國土救度各種各類眾生：「由我供養觀音如來，蒙彼如來授我如幻聞薰聞修金剛三昧。上合十方諸佛本妙覺心，與佛如來同一慈力；下合十方一切六道眾生，與諸眾生同一悲仰。令我身成三十二應，入諸國土。」並且得到十四種無畏功德，能於一切眾生無畏之施。

觀音三十二體

至於觀音菩薩的三十二體，則是因為他在不同的因緣，化現不同的形相度眾生，在人們心中留下不同的樣貌。這三十二體分別是：楊柳觀音、魚籃觀音、蛤蜊觀音、龍頭觀音、持經觀音、圓光觀音、遊戲觀音、白衣觀音、握蓮觀音、瀧見觀音、施樂觀音、德王觀音、水月觀音、一葉觀音、青頸觀音、威德觀音、延命觀音、眾寶觀音、岩戶觀音、能淨觀音、阿耨觀音、阿摩提觀音、葉衣觀

十四無畏對照表

	法華經　普門品	楞嚴經　觀音圓通章
1	百千萬億苦惱眾生，一心稱名，尋聲救苦。	十方苦惱眾生，一心稱名，尋聲救苦
2	設入大火，火不能燒。	若入大火，火不能燒。
3	大水所漂，即得淺處。	墮大水中，水不能溺。
4	尋寶入海，解脫羅刹之難。	入諸鬼域，鬼不加害。
5	臨當加害，所執刀杖，尋段段壞。	刀杖觸身，必自折斷。
6	夜刹、羅刹等惡鬼，不能以惡眼視之，況復加害。	藥叉、羅刹等惡鬼，不能睜眼視之何況加害。
7	杻械枷鎖，不能著身。	任何杻械枷鎖，不能著身。
8	商主持寶，途經險路，當得解脫。	經過荒山險路，盜賊不能劫奪。
9	多欲眾生，可得離欲。	多淫念眾生，可離貪愛欲樂。
10	嗔恚眾生，可得離嗔。	心懷忿恨眾生，熄滅嗔恚怒火。
11	愚痴眾生，可得離痴。	昏迷愚昧眾生，永離痴暗愚鈍。
12	設欲求男，便生福德智慧之男。	欲生生男，可得福德智慧之男。
13	設欲求女，便生端正有相之女。	欲求生女，可得相貌端正，福德柔順之女。
14		遍三千大千世界，現有六十二億恆河沙法王子，隨類化身教化眾生。

音、琉璃觀音、多羅觀音、六時觀音、普照觀音、合掌觀音、一如觀
音、不二觀音、持蓮觀音、灑水觀音，在普陀山流傳故事最多的是楊柳
觀音、魚籃觀音和蛤蜊觀音。

楊柳觀音

　　楊柳觀音右手持楊枝，左手執淨瓶，神態自在慈祥，是民間普遍供奉
的一尊觀音，做為驅邪消災的象徵。在普陀山楊枝庵裡，因為藏有楊枝
觀音碑而著名，此觀音畫像為唐朝名畫家閻立本所畫，經歷宋元兩朝，

到明代萬曆年間，爲鎮海總兵侯繼高所得，並收得吳道子所繪的觀音大士像，後將此兩幅畫像勒石植於寶陀寺前殿，其後寺廟毀於火災，後來幾經波折，重拓立碑於楊枝庵，成爲普陀三寶之一。另外，吳道子所繪的大士像立碑，在普陀山上已不知所終，他所畫的大士像面容圓潤飽滿，衣履飄逸，顯得樸實素雅。

在台灣的一些寺廟，甚至一般家庭中自設的佛堂，常供奉楊枝觀音，造像特別親切，在觀音讚中提到「瓶中甘露常遍灑，手內楊柳不計秋」就是典型楊枝觀音的造型。

魚籃觀音

■楊枝觀音

根據《佛祖統紀》、《觀音靈感錄》記載：在唐憲宗時─元和十二年（八一七），陝右金沙灘，曾經發生了這樣一件不

尋常的事情，當時陝西人民，善於騎射，未曾聽聞三寶之名，觀世音菩薩即化現爲馬郎之婦，以度化當地之居民，故稱「馬郎婦」。

相傳，有一天，純樸寧靜的漁村，出現了一位賣魚姑娘。手裏挽著一隻魚籃，籃裏放著幾條活魚，沿街叫賣。「賣魚啊！賣魚啊！」輕柔的叫賣聲，及秀麗端莊的容貌，吸引著一大群人圍觀，紛紛一擁而上，爭相買魚。可是，姑娘卻說：「魚是賣給人放生用的，不是買來吃的。」大家聽了，都哄然大笑。於是一傳十，十傳百，整個漁村，都知道這個特別的賣魚姑娘。

日子一天一天過去，漁村裏一些單身的年輕人，對姑娘起了愛慕之情，每個人都向她提親。姑娘說：「我只有一個人，如何能嫁給你們這麼多人呢？不如這樣吧！我教你們誦〈普門品〉，有誰能一夜之間把它背熟，我就答應嫁給他。」於是，大家興高采烈的，一字一句的跟著念。到了天亮，能背誦的，居然有二十餘人。姑娘說：「一女只能配一夫，所以，今天我改教大家誦《金剛經》，同樣地，有誰能在一夜間背熟的，我就嫁給他。」結果能背誦的，仍然有十數人；於是，姑娘又教眾人誦《法華經》七卷，約定三日之內，若有人能背熟的，一定嫁給他

■魚籃觀音

為妻。三日期限到了，只有一位年輕人能背誦，大家都叫他「馬郎」。於是，馬郎滿心歡喜，張燈結綵地把姑娘迎娶入門。

正在欣喜之際，不料剛娶進門的嬌妻，突然死了，身體很快就腐爛了，傷心的馬郎，只好捨不得的把愛妻埋葬了。

過了數日，一位身著紫色袈裟的老和尚，來到馬郎的家，告訴傷心的馬郎說：「你不要悲傷了，那位賣魚的姑娘，其實是觀世音菩薩，特別化現來此度化你們的，若不相信，何不撬開墳墓看看。」說完，人就不見了。馬郎聽完，心中半信半疑，馬上找人撬開棺一看，心中大驚，愛妻的屍體早已不知去向，只留下一副閃亮的金鎖，當下馬郎才恍然大悟。

因此陝西一帶的人民都非常虔信佛法，而且自宋代以後，供奉馬郎觀音尤為盛行，因其手提魚籃，故世人又稱之「魚籃觀音」。

蛤蜊觀音

觀世音菩薩廣大靈感，常隨眾生的因緣而示現，其中蛤蜊觀音，亦是大眾耳熟能詳的菩薩感應事蹟，因其端坐在蛤蜊中，所以稱為蛤蜊觀音。

在《佛祖統紀》、《普陀洛迦新志》裡記載「蛤蜊現相」

的異志，唐朝文宗喜歡吃蛤蜊，東南沿海頻年入貢，民不勝苦。一天御饌獲得一枚巨蛤，刀劈不開，文宗自己扣開，但見觀世音菩薩像立於蛤蜊的內面，文宗大驚，趕緊把它裝載金飾檀香盒中。並召惟政國師問明原因，惟政法師說：「物無虛應，乃啓陛下信心，以節用而愛人爾。經云，以菩薩身得度者即現菩薩身而爲說法。」文宗說：「我只見了菩薩，而未聞菩薩說法。」惟政說：「那麼皇上信麼？」「怎敢不信？」「如此，皇上已經聞法了。」文宗大悟，永戒食蛤。

　　民間對此也有傳說，不過故事大同小異。傳說唐朝文宗嗜食蛤蜊，爲了滿足皇帝吃蛤的嗜好，官府經常催逼漁家要上繳上等蛤蜊，那家若是少繳，輕者受罰加錢糧，重者還要充軍服勞役。如此日久，蛤蜊越來越少，衙役卻越索越兇，漁家百姓莫不怨聲載道。

■蛤蜊觀晉

　　一天，衙役催繳來到普陀山龍灣，一個素衣少女迎面而來，獻上一隻大蛤蜊，五彩斑斕，衙役看了喜不自勝。知縣老爺如獲至寶般的連夜兼程親自送往京城，唐文宗見了也愛不釋手，但因嗜蛤成性，第二

天還是交代御廚烹調，誰知蛤殼堅硬，刀劈不開，唐文宗十分驚奇，命護寶太監專心養護著。

當天晚上，文宗在御書房批閱奏章時，那硯臺化作一碗香氣撲鼻蛤蜊湯，文宗習慣性的端起就喝，誰知睡到半夜時，大瀉不止，忙煞了御醫和宮娥，如此三天三夜，群醫無策。到了第四天，有個素衣宮女來見，說要獻上祖傳秘方，太醫大喜，要了處方給皇上，只見處方籤上寫到：「嗜蛤勞民，永戒即止」，唐文宗大怒，下令拿下宮女治罪，只見那宮女腳踏蓮花，手捧彩蛤，輕飄而去，文宗大驚，急忙找來護國法師惟政和尚，文宗聽了法師講述因果後說：「朕永戒食蛤，免貢。」

傳說那位獻蛤的素衣姑娘和獻秘方的素衣宮女，都是觀世音菩薩化現的，其用意在勸唐文宗不要吃蛤蜊，更進一層的意義，則是觀音菩薩相機說法，普門示現，廣度一切眾生。

《普陀洛迦新志》記載清代定海總兵藍理的兩次奇遇，順治二十九年藍理朝普陀山，至梵音洞親見大士現身，大眉赤面有鬍鬚，眼露青白光，有點像達摩的造型，又見一小佛赤腳立於大士頭頂上，藍理見了不斷的叩首頂禮。第二次藍理巡緝至普陀洋面，看見一隻小船，船上坐著一位婦人，手中提籃，籃中有鯉魚，船尾有一童子划槳，只

見往梵音洞駛去，一下就失去了蹤影。第二天到山上禮佛，看到大士像及旁立的善財童子，與昨日所見到的樣貌相同，才知道是觀音菩薩顯靈，他的名字藍理，正好和「籃」、「鯉」同音，於是發願當護法。

白衣大士

此外，在中國民間信仰最普遍的則是白衣大士。觀音菩薩在唐宋以後，被賦於中國的人文性格，比較偏向人性化，形象是個文人，身著白衣的一位大士，能聞聲救苦，在苦難或危急時常會呼喚大士求救，大士也經常顯靈，在抗日戰爭期間，大士顯靈的例子不可勝數。

白衣大士在中國最著名的，就是他的神咒，據說相當靈驗，平時唸保平安，急時唸還可逢凶化吉，此神咒是：「南無大慈大悲救苦救難廣大靈感觀世音菩薩摩訶薩。南無佛，南無法，南無僧，南無救苦救難觀世音菩薩。怛只哆，唵，伽囉伐哆，伽囉伐哆，伽訶伐哆，囉伽伐哆，囉伽伐哆，娑婆訶。天羅神，地羅神，人離難，難離身，

■白衣大士

一切災殃化爲塵。南無摩訶般若波羅蜜。」台灣有許多信眾，隨身攜帶白衣大士的相片和神咒，以保平安。

藏傳佛教的觀世音

西藏的佛教，基本上也是觀音信仰，布達拉宮就是觀音菩薩的道場，布達拉的音譯即是普陀洛迦。而達賴喇嘛在藏民心中，就是觀世音菩薩的化現。藏傳佛教菩薩的形制多樣，有寂靜尊、忿怒尊和雙運尊，觀音菩薩的化身更是最多的，像四臂觀音、千手千眼觀音、準提佛母、綠度母、白度母、紅觀音、馬頭明王等都是。密教中的佛菩薩造像有三輪身的說法：自性輪身現佛陀像、正法輪身現菩薩像、教令輪身現明王像。示現佛陀自性德相的即爲如來，爲濟度眾生示現柔和相的即爲菩薩，爲度化剛強眾生示現忿怒相的即爲明王，觀音菩薩示現忿怒相最有名的是馬頭明王，外相看來很可怖，內心仍然流露出大悲心，象徵以光明的智慧降伏一切惡魔。在密教的一些護法神，像是六臂大黑天，也是千手千眼觀音菩薩的化現，觀音菩薩所發的宏願中，修持六臂大黑天者救度末法時期眾生，能守護眾生脫離中陰之苦。

■繪圖／宓雄

千手千眼觀世音菩薩

　　藏傳佛教也很重視千手千眼觀世音菩薩，不論漢藏地區，對於祂的〈大悲咒〉都能朗朗上口。根據「千手千眼無礙大悲心陀羅尼經」所說，在過去無量億劫，有佛名千光王靜住如來，觀音菩薩那時始住初地，聽他宣說廣大圓滿無礙大悲心陀羅尼，一聽此咒，超第八地，即發誓言：若我當來堪能利益安樂一切眾生者，令我身千手千眼具足。發下這個願後，立時千手千眼具足，十方千佛，悉放光明。

由其千手化現出一千個轉輪聖王,將眾生安置於上道樂土,令其聞法修行得解脫;由其千眼化出賢劫千佛,永離惡業。千手千眼觀音菩薩的神咒,就是著名的〈大悲咒〉,是由一千一百萬佛所說,具有非常大的利益與功德,誦持者一切時中皆與諸佛相應,疾病災難消除。

根據《楞嚴經》記載,觀音菩薩在證得耳根圓通之後,獲得了「四不思議無作妙德」,經文中說:「一者,由我初獲妙聞心,心精遺聞,見聞覺知不能分隔,成一圓融清淨寶覺,故我能現眾多妙容,能說無邊秘密神咒,其中或現一首三首五首七首九首十一首,如是乃至一百八首、千首萬首、八萬四千爍迦羅首;二臂四臂六臂八臂十臂十二臂,十四十六十八二十至二十四,如是乃至一百八臂、千臂萬臂、八萬四千母陀羅臂;二目三目四目九目,如是乃至一百八目、千目萬目、八萬四千清淨寶目,或慈或威,或定或慧,救護眾生,得大自在。」

十一面觀音

又稱大光普照觀音,基本形相是是在聖觀音上再加十面相,藏傳的說法中又多了一層,觀音菩薩在初始地時發菩提心,若救度眾生的道心退轉,願意肝腦碎裂;後因為眾生救

不勝救，於是感到絕望，過去所發的菩提心開始退轉，立時首腦碎為十塊，身手也碎做千片，阿彌陀如來不忍其悲心退轉，遂將其碎首合為十面，頂上再加自己的首成十一面，千片亦合成千手千眼。十一個面孔，表示斷十一品無明煩惱，證得絕對成佛的十一地‧‧「完全光明地」心意無二。

十一面亦是法報化三身的組合，下三層九面為九位化身佛，第四層一面為報身佛金剛手，頂上為法身阿彌陀佛。或十面表示現身十界，救度眾生，合其身的正面，恰為十一面。

綠度母、白度母

綠度母和白度母在西藏，也是受到普遍修持的本尊，相傳也是觀音菩薩的化現，因不忍眾生苦而流下大悲的眼淚，右淚化做綠度母，左淚化做白度母。傳說綠度母在無量劫前，為般若月公主時，即發願至虛空界盡，願以女身度化一切有情。釋迦佛成道時，坐菩提樹下入定，眉間放光，群魔見光而欲加擾亂，綠度母見之作八種大笑，群魔倒地不起，復住於空定現不動明王相，將一切魔碎為微塵。修綠度母法者，消滅罪業和魔障，能除一切災難。

白度母因於面、手腳上共具七眼，又稱七眼佛母，額上一目爲中脈開口處，表大智慧由無漏通所得眼通；面上二目表爲地上輪，照天道、修羅道；手中二目表地面輪，照人道、畜牲道；足心二目表地下輪，照地獄、餓鬼道。修持白度母法者，能增長壽命及福慧，斷輪迴之根，免除一切魔障。

馬頭觀音

菩薩頭戴馬頭，現憤怒形，因此列於明王部，又稱爲馬頭明王，或大力持明王。以馬思念水草毫無雜念來比喻菩薩一心救度眾生，馬飛快地奔跑，喻菩薩迅速運其大悲，救度一切眾生。

不空日絹索觀音

不空日絹索，指菩薩以大悲爲日絹索，救度一切眾生，使其所願不空。又因菩薩披著鹿皮袈裟，故又稱鹿皮觀音。

四臂觀音

在藏傳佛教中，最普遍，也最爲一般人所信賴的，就是四臂觀音，早在公元七世紀松贊干布統一全藏後，即有相當多的傳說。四臂觀

■不空日絹索觀音

音可以說是西藏的守護神，本尊顏身皎白如月，頭戴五佛冠，共有四臂，中央兩臂合掌於胸前，捧有摩尼寶珠，另右手持水晶念珠，左手拈八瓣蓮花，面貌寂靜含笑，以菩薩慧眼慈視眾生，凡被其觀者悉得解脫。

如意輪觀音

表示菩薩住於如意寶珠三昧，轉法輪的意思。指觀音菩薩能如意說法，救度六道眾生之苦，給予世、出世間的利益，成就一切眾生的所願。

多羅觀音

多羅譯為眼睛，或目睛。或譯為度、救度。因其出生自觀世音菩薩的眼睛，故名。西藏地區，有多人信仰多羅觀音。在《觀音授記經》裡，對多羅觀音的功德說明很完整。

■多羅觀音

　　這次朝山的行程正好是七天，我就以打禪七的心境朝聖，從抵達中正機場辦出境，見到靈鷲山的法師開始，就告訴自己「起七」了，到返回中正機場領取行李時，宗德師問我說：「任務完成了吧？」我說：「解七了」。

　　此行雖然是見到了名揚古今的菩薩聖境，不過如果僅從外觀上看，只是一間一間的寺院，這些寺院有些過於老舊，格局規模也不十分壯觀，較之台灣的一些大寺院，可能都還嫌寒滄了些，而且大陸把四大名山當作觀光景點，難免有觀光區的熱鬧髒亂景象，然而，之所以稱為名山當然有它殊勝之處。

　　首先是它們的歷史，每一間寺院都有上百年的資歷，普陀山的三大寺院更多在千年以上，不僅有歷朝皇帝的賜匾捐資，其形制也多維持了舊時風格，可以讓我們一睹唐宋明清時代的寺院建築。

　　其次是山上流傳的史話，故事淒美引人入勝。像普陀山上觀音講經二龜聽法，文宗嗜蛤菩薩顯靈的傳說，都能讓人一親觀音菩薩的慈悲恩澤。再者是高僧大德的行儀。在法雨寺中弘一法師親侍印光法師的法緣、慧濟寺裡印順長老閱藏、錫麟堂中太虛大師閉關，都為高僧行儀留下高潔的道範；九華山上李白更名陽明打坐，王安石盛讚雄奇，范成大譽稱奇秀，也為名流與名山留下了不能抹滅的一章。

　　最令人流連的則是山上的風光。普陀山上的十二景景緻怡人，像是：天門清梵、梅灣春曉、蓮洋午渡、磐陀夕照、洛迦燈火、靜室茶煙，從清晨到半夜都有不同的景點、不同的風光。九華十景也是一樣，像是：天台曉日、化城晚

鐘、東岩宴坐、舒潭印月、九子泉聲都有特殊的景觀。

　除了知道沿革、觀賞景緻之外，此行的目的是朝山，在行程中必須時時提起覺念，以覺性觀照自己的身心，每走一步觀照自己的腳下，每一抬眼瞻仰菩薩的慈顏，都注意著覺性不能忘失，如此一路走來，自然安詳舒坦，如步履在淨土中。對於一般的觀光客而言，他們可能在一景一物中尋找菩薩的蹤跡，對於一個行者而言，菩薩的淨土不在這些外相中，而在於自己的覺念中。

　七天下來，因為時間的緣故無法走完全景，不過主要的景點都已經參訪到了，重要的是到了菩薩道場，心中是否也有到了佛國的感受，如果是一步一步都像虛雲老和尚一樣念念分明，則朝禮名山無異登上佛國淨土了。

參考書籍

1. 肖京國等所編的《海天佛國─普陀山》
2. 章堅著作的《普陀山史話》
3. 煮雲法師所著的《普陀山傳奇異聞錄》
4. 《法露緣》佛教人文藝術雜誌第八十三期
5. 台灣珠海出版社的《佛教名山》
6. 李世庭編《普陀山傳說》

國家圖書館品預行編目資料

海天佛國／陳琴富作；陳丁林攝影
--初版--台北縣永和市：靈鷲山般若出版，
2002〔民91〕
面；　公分···（世界宗教朝聖之旅　；1）
ISBN957-99025-5-0　（平裝）
1.寺院-中國2.中國-描述與遊記
227.2　　　　　　　　　　91006996

》海天佛國

作者／陳琴富
攝影／妙性法師、陳丁林
出版顧問／張元隆
主編／法泰法師
執行編輯／周掌宇、許國華
美術設計／林月華
VCD影像剪輯／周智芬

出版者:財團法人靈鷲山般若文教基金會附設出版社
地址:台北縣永和市保生路2號21樓
讀者服務專線：（02）8231-6789＃214
郵撥帳號:18887793
戶名:靈鷲山基金會附設出版社
統一編號:78359502
發行日期:2002年6月
印刷版次:初版一刷
定價:400元